CHRÉTIENS
PENSEURS DU SOCIAL

DU MÊME AUTEUR
AUX ÉDITIONS DU CERF

Préface pour *La Doctrine sociale de l'Église*, de R. Antoncich et J. M. Munárriz, coll. « Libération » 16, 1992.

Préface pour *Nouvelle évangélisation, promotion humaine, culture chrétienne. Conclusions de Saint-Domingue*, coll. « Documents de l'Église », 1993.

Le Père Arrupe : L'Église après le concile, coll. « L'Histoire à vif », 1997.

Église et Société, sous la direction de Jean-Yves Calvez et Anatole Krassikov, coll. « L'Histoire à vif », 1998.

« Apporter à la société et apprendre d'elle quelque chose », dans : Édouard Bonnefous et Patrick Valdrini (dir.), *La Société dans les encycliques de Jean-Paul II*, coéd. Éd. du Cerf-Fondation Singer-Polignac, 2000, p. 99-104.

JEAN-YVES CALVEZ

CHRÉTIENS PENSEURS DU SOCIAL

MARITAIN, MOUNIER, FESSARD, TEILHARD DE CHARDIN, DE LUBAC

1920-1940

Histoire de la morale

LES ÉDITIONS DU CERF
www.editionsducerf.fr
PARIS

2002

www.editionsducerf.fr
(29, boulevard La Tour-Maubourg, 75007 Paris,

ISBN 2-204-06963-9
ISSN 0981-6690

AVANT-PROPOS

J'ai plusieurs fois enseigné à la faculté des sciences sociales et économiques de l'Institut catholique de Paris sur « Les grands courants de la pensée sociale chrétienne ». Je reprends ici ce qui concerne les années vingt et trente du XXe siècle. J'ai eu l'occasion d'enseigner de même sur les penseurs de l'après-guerre, parmi lesquels se rencontrent des personnalités aussi importantes que François Perroux, économiste reconnu, et le père Louis-Joseph Lebret, fondateur d'« Économie et Humanisme », puis sur ceux de l'après-concile Vatican II, quand ne se rencontrent peut-être plus d'aussi éminentes personnalités, mais ont lieu des débats d'une grande vivacité, entre les marxistes chrétiens et ceux qui les contestent, quand se développe aussi tout un commentaire moderne de la doctrine sociale catholique officielle. Cette dernière période est également le temps de la théologie politique en Allemagne, de la théologie de la libération en Amérique latine. Je me suis intéressé principalement, dans ces divers enseignements, à la pensée sociale chrétienne *en France* – et surtout à la pensée catholique –, mais je me suis efforcé d'avoir un œil ouvert sur l'Allemagne, l'Italie, les États-Unis, et en dernier lieu l'Amérique latine.

J'espère avoir un jour l'occasion de publier ce que j'ai recueilli sur ces périodes d'après la Seconde Guerre mondiale et d'après le concile Vatican II comme je publie ici ce qui concerne l'entre-deux-guerres. Je commence par l'entre-deux-guerres, ayant le sentiment d'y trouver une matière particulièrement riche. J'ai d'ailleurs, de ce fait, pendant quelque temps pensé intituler ce livre *Grandes figures de la pensée sociale chrétienne*. Il y a là en effet de vraiment grandes figures et de grands noms, souvent connus par ailleurs, ou connus pour d'autres contributions à la pensée, chrétienne spécialement : Jacques Maritain, Emmanuel Mounier, Gaston Fessard, Pierre Teilhard de Chardin, Henri de Lubac. À l'étranger, dans un appendice, nous rencontrerons Don Sturzo. Parmi les non-catholiques d'autre part, j'ai pensé ne pas pouvoir ne pas parler de Karl Barth, à l'influence colossale, je lui consacre ainsi une bonne part d'un second appendice.

Il ne s'agit pas de la pensée ou doctrine officielle des Églises. Il s'agit de la pensée libre, parfois en harmonie avec les positions officielles, parfois aussi à distance, quelquefois contestataire. La pensée, dis-je d'ailleurs, non pas la doctrine. Il ne s'agit pas, d'autre part, de chercher à recueillir tout ce qu'ont pu dire ou penser des chrétiens dans une recherche économique ou politique, plus pratique ou plus appliquée par exemple, mais ce qui est *dans un rapport direct avec leur foi*. Je donnerai même une importance particulière à ce qui est réflexion expresse sur le *lien* des positions sociales ou politiques avec la foi.

En nommant tout à l'heure une série de grands noms, j'ai déjà indiqué en pratique mes principaux chapitres. Je commencerai toutefois par la pensée d'Action française, pensée de Charles Maurras, qui s'était lui-même, très jeune, éloigné de la foi chrétienne, mais qui a considérablement influé sur les catholiques français dans les années 1910-1920.

Je veux aussi indiquer dès maintenant les dates, assez diverses, entre lesquelles s'inscrit la vie de chacun des auteurs que nous allons étudier : 1882-1975 pour Jacques Maritain, 1905-1950 pour Emmanuel Mounier, 1897-1978 pour Gaston Fessard, 1885-1955 pour Pierre Teilhard de Chardin, 1896-1991 pour Henri de Lubac. De presque tous il est une œuvre décisive datée des années 1930 – c'est le temps de la formation de leur pensée : *Révolution personnaliste et communautaire* de Mounier est de 1935, *Humanisme intégral* de Maritain est de 1936, *Pax nostra* de Fessard de la même année, *Catholicisme* de de Lubac est de 1938. Les ouvrages de réflexion de Teilhard furent, quant à eux, interdits de publication de son vivant : *Le Phénomène humain*, le premier publié, l'a été en 1955 (suivirent *Le Milieu divin*, en 1956, *L'Avenir de l'homme*, en 1959), l'essentiel avait toutefois été écrit dans les années 30.

Aux chapitres concernant ces auteurs, j'ajoute, comme je l'ai déjà annoncé, afin d'élargir le champ, deux appendices : l'un concernant encore la pensée catholique, en Italie (avec Don Sturzo déjà mentionné), en Allemagne (avec Oswald von Nell-Breuning), aux États-Unis (avec John A. Ryan) ; le second touchant la pensée protestante, avant tout celle de Karl Barth, déjà mentionné aussi, un peu également celle de Niemoeller, y ajoutant en outre, brièvement, quelques traits de la pensée protestante en France et aux États-Unis.

I

LA PENSÉE ACTION FRANÇAISE

On peut dire « la pensée Action française » comme on disait « la pensée Mao Tse Toung », vu l'extrême identification d'un mode de penser à un mouvement politique. L'Action française est un fort mouvement politique, monarchiste et antirépublicain, très influent en France au commencement du siècle, bien sur la scène encore jusqu'à la Seconde Guerre mondiale, réduit en revanche depuis. Ce n'est pas un mouvement d'inspiration chrétienne. L'Action française a même eu pour maître principal un homme devenu franchement agnostique, proclamé néo-païen, ennemi de plus du « Christ juif » – de tout ce qu'il peut y avoir de juif dans le christianisme –, Charles Maurras (1868-1952). Mais l'Action française a eu une profonde influence dans des milieux catholiques, dans le prolongement du légitimisme antirépublicain du XIXe siècle. Là, s'est donc constituée une conception très typique des relations entre politique et foi, qui a formidablement marqué l'Église de France. Ce fut possible, sans doute, à la fois en raison de l'admiration que Maurras, bien qu'agnostique, vouait à l'Église catholique comme force d'ordre et de tradition, et en raison de la philosophie, également d'ordre et d'organisation des essences, qui dominait chez nombre de catholiques dans l'époque antimoderniste. Ils firent du maurrassisme leur philosophie politique.

La politique selon Maurras [1].

Quelle philosophie au juste ? C'est une philosophie où cristallise une réaction et comme un sursaut, au terme d'une époque qui se sentait « décadente ». Dans son grand livre intitulé *Aux origines de l'Action française : intelligence et politique à l'aube du XXe siècle*, Victor Nguyen, brillant historien, mort trop jeune, caractérisait avec précision, en 1991, la fin du XIXe siècle dans laquelle se forme Maurras. La France n'a pas eu le génie de se stabiliser après la période révolutionnaire, de régime en régime elle a ballotté, explique-t-il. Il cite en conclusion de son livre ce mot de Maurras lui-même : « Il y eut un ancien régime ; il n'y a pas encore de régime nouveau : il n'y a qu'un état d'esprit tendant à empêcher ce régime de naître. » La pensée est en effet demeurée longtemps instable, jusqu'à l'arrivée du positivisme d'Auguste Comte, qui inspire justement Maurras. En amont, la Révolution de 1789 ne parvient pas à faire l'unanimité, on le voit mieux que pas à l'occasion du premier centenaire, 1889. Claudio Jeannet écrit à ce sujet : « Un parti a voulu faire de 1889 une apothéose solennelle de 1789. Mais de toutes parts l'esprit critique se réveille et discute cette date mémorable. Des groupes appartenant au parti qui s'intitule conservateur tiennent, sur tous

1. Bibliographie de Maurras. Œuvres politiques de Maurras. *Mes idées politiques*, Fayard, 1937, regroupe les textes les plus caractéristiques. Autres œuvres : *Enquête sur la monarchie*, suivie de *Une campagne royaliste au Figaro* et de *Si le coup de force est possible*, Fayard, 1925, 699 p. ; *Dictionnaire politique et critique*, établi par Pierre CHARDON, Fayard, 1932-1933, 5 vol. (reprise, selon un plan alphabétique, des principaux jugements de Maurras sur les sujets les plus divers). Sur Maurras et sa pensée voir : Eugen WEBER, *L'Action française*, trad. de l'anglais, chez Stock, 1962 ; Pierre BOUTANG, *Maurras : la doctrine et l'action*, 1984, 718 p. ; Victor NGUYEN, *Aux origines de l'Action française. Intelligence et politique vers 1900*, Fayard, 1991, 960 p. ; J. PRÉVOTAT, plusieurs chapitres sur l'Action française dans G. CHOLVY, J.-M. HILAIRE, *Histoire religieuse de la France contemporaine*, t. 2, 1880-1930, 1986, p. 126-139, 294-313 ; Albert THIBAUDET, *Les Idées politiques de Charles Maurras*, Gallimard, 2e éd., 1920, 323 p. ; Henri MASSIS, *Maurras et notre temps. Entretiens et souvenirs*, Plon, 1961 ; un article de J. JULLIARD, « La politique religieuse de Ch. Maurras », *Esprit*, mars 1956.

les points du pays, des assemblées provinciales où ils discutent sévèrement le mouvement social qui s'est opéré depuis. Au pôle opposé de l'opinion, les congrès socialistes… disent que 1789 n'a pas été un triomphe humanitaire, mais seulement le triomphe de la bourgeoisie qui s'est mise depuis lors à opprimer systématiquement le prolétariat [1]. »

« L'Action française est née avant l'Action française », dit du coup Pierre Chaunu dans sa préface au livre de V. Nguyen [2]. Vers la fin du siècle surgit en tout cas Maurras, avec une pensée tout à l'opposé de la liberté et de l'égalité républicaines, à l'opposé de la vision contractualiste de la société, à l'opposé de tout subjectivisme, de tout « constructivisme » pourrait-on dire encore dans le vocabulaire de débats plus récents (autour du libéralisme et du socialisme). Maurras entend d'abord que la vraie et bonne politique est une politique « naturelle ».

Il y a, explique-t-il, un « petit cercle », un petit domaine, cercle « réduit », « où s'accumule le trésor, le dépôt des biens spirituels et moraux dont la Raison et la Religion s'accordent à faire l'attribut de l'humanité. Tout homme, ayant cela, vaut tout homme, pour cela. Là siègent donc l'impénétrable et l'inviolable, l'inaltérable, l'incoercible, le sacré [3] ». « C'est le lieu réservé du plus haut point de nos natures [4] ». Par cela ou en cela les hommes sont identiques entre eux, les mêmes.

Mais l'humanité est loin de ne consister qu'en ce « petit cercle ». Il y a une « vivante forêt d'actions inconscientes et involontaires qui recouvre et qui peuple la grande figure diffuse dont ce petit cercle est entouré [5] ». Maurras ajoute : « La mesure des lois morales ne peut suffire à la police de cette aire immense [6]. » Ce qui police l'aire immense en question, c'est la politique. Dans ce domaine « naturel » non pas moral, les

1. V. Nguyen, p. 369.
2. *Ibid.*, p. 14.
3. *Mes idées politiques*, Fayard, 1937, préface, p. XXII.
4. *Ibid.*, p. XXIII.
5. *Ibid.*, p. XXIV.
6. *Ibid.*

hommes s'associent en vertu de leurs différences, de leurs inégalités, non pas de ce qui est le même en eux. « Il faut s'associer pour vivre [1] » ; « pour bien vivre », ensuite, « il faut contracter », mais cela pour bien ou mieux vivre seulement. Il ne faut, clairement, pas confondre association et contrat. « Comme si elle sortait d'un véritable élan physique, l'association ressemble à un humble et puissant Conseil *de nos corps* dont les misères s'entr'appellent [2]. » C'est le niveau du politique proprement dit.

La base est ainsi ce naturel, ou ce mi-naturel, mi-volontaire. Maurras écrit : « Nouée, scellée par le Contrat, l'Association mérite d'être tenue pour la merveille des chimies synthétiques de la nature humaine. Cette merveille, bien introuvable à l'origine des connexions sociales, naît à leur centre florissant, dont elle est le fruit. L'Association contractuelle a été précédée et fondée – et peut donc être soutenue – par tout ce qui a part à "la constitution essentielle de l'humanité" : il faut lui souhaiter de poser avec force sur les conglomérats préexistants, mi-naturels, mi-volontaires, que lui offre l'héritage gratuit de millénaires d'histoire heureuse –, foyers, villes, provinces, corporations, nations, religions [3]. » « Une action, ajoute Maurras, qui sait faire servir les constructions de la Nature à la volonté de l'Esprit confère à ses ouvrages une fermeté surhumaine [4]. »

Voici, à cet égard, l'exemple du Moyen Âge : « Il a vécu du contrat d'association étendu à l'édifice entier de la vie. La foi du serment échangé d'homme à homme a présidé aux enchaînements de la multitude des services bilatéraux dont la vaste et profonde efficacité s'est fait sentir durant de longs siècles. Maître statut des volontés, l'engagement contractuel naissait à la charrue, s'imposait à l'épée et réglait le sceptre des rois. Mais cette noble mutualité juridique, vivifiée par la religion, était fortement enfoncée et comme entée sur le solide tronc des

1. *Mes idées politiques*, p. XXVI.
2. *Ibid.*, p. XXVII.
3. *Ibid.*
4. *Ibid.*, p. XXVII-XXIX.

institutions naturelles : autorité, hiérarchie, propriété, communauté, liens personnels au sol, liens héréditaires du sang. Au lieu d'opposer l'Association à la Société, on les combinait l'une à l'autre. Sans quoi, le système eût rapidement dépéri, s'il fût jamais né [1]. »

Depuis, on cherche à se persuader que tout se ramène à des engagements personnels et volontaires. « Les créations impersonnelles de la Nature et de l'Histoire sont représentées à l'homme comme très inférieures aux siennes [2]. » « Cependant, dit Maurras, est-ce lui (l'homme) qui, en naissant, s'est soustrait à la mort certaine ? Il a été saisi et sauvé par un état de choses qui l'attendait. Est-ce lui qui a inventé la discipline des sciences et des métiers à laquelle il emprunte si largement ? Il a reçu tout faits, ces capitaux du genre humain. S'il ne se plaint pas de ces biens, il y songe trop peu et distingue de moins en moins tout ce qu'il doit encore en recevoir et en tirer [3]. »

Le raisonnement de Maurras consiste, constamment, à faire valoir les différences et inégalités naturelles qu'il est imprudent et téméraire de vouloir dépasser dans un esprit d'égalité démocratique. « L'erreur, dit-il, est de parler de *justice*, qui est vertu ou discipline des volontés, à propos de ces arrangements qui sont supérieurs (ou inférieurs) à toute convention volontaire des hommes [4]. » On ne peut, poursuit-il, « gérer l'intérêt public qu'à la condition d'utiliser avec une passion lucide les ressorts variés de la nature sociale, tels qu'ils sont, tels qu'ils jouent, tels qu'ils rendent service. L'État doit se garder de prétendre à la tâche impossible de les réviser et de les changer ; c'est un mauvais prétexte que la "justice sociale", qui est le petit nom de l'égalité – égalité néfaste. L'État politique doit éviter de s'attaquer aux infrastructures de l'état social qu'il ne peut pas atteindre et qu'il n'atteindra pas, mais contre lesquelles ses entreprises imbéciles peuvent causer de sérieuses blessures à ses sujets et à

1. *Ibid.*, p. XXIX.
2. *Ibid.*
3. *Ibid.*, p. XXIX-XXX.
4. *Ibid.*, p. XXXVI.

lui-même [1]. » Dans le même sens encore : « Les biens imaginaires attendus de l'Égalité [...] feront souffrir tout le monde. La démocratie, en les promettant, ne parvient qu'à priver injustement le corps social des biens réels qui sortiraient, je ne dis pas du libre-jeu, mais du bon usage des inégalités naturelles pour le profit et pour le progrès de chacun... Il n'y a pas de bien social qui ne soit récolté dans le champ presque illimité des différences humaines. Mettons-y le niveau, et tout dépérit. On déshonore la Justice et l'on trahit ses intérêts en imposant son nom à la fumée qui sort de ces ruines [2]. »

Soit, par exemple, l'hérédité : « Un pays de droit héréditaire, dit Ch. Maurras, est toujours approvisionné de "jeunes ministres" et non pas une fois tous les demi-siècles à la faveur d'indignes aventures telles que notre Panama en 1892, ou notre Front populaire en 1937 : sauf de tels accidents, notre démocratie a mérité son sobriquet de Règne des Vieux [3]. »

Ou le principe dynastique. « Le rendement des dynasties n'est pas fait pour un parti ni pour un monde. C'est le bien de tous évident. Et l'intérêt du petit peuple y est le plus engagé. D'abord, même à supposer que les élites commencent toujours par se servir égoïstement elles-mêmes, l'élite viagère a les dents plus longues que l'autre, elle est forte consommatrice et accapareuse ; il lui manque, disait Renan, cette habitude de certains avantages et de certains plaisirs sur lesquels est "blasé l'homme de qualité [4]" ».

On peut sans doute parler – et on parlera – de politique naturelle en d'autres sens que Maurras. C'est une attitude d'esprit qu'il s'agit surtout de caractériser ici. Qui l'a adoptée ne peut certainement que penser la politique comme tout à fait indépendante et de la morale et de la religion.

---

1. *Mes idées politiques*, p. XXXVII.
2. *Ibid.*, p. XXXVIII et XXXIX.
3. *Ibid.*, p. XLII.
4. *Ibid.*, p. XLIII.

Distance entre politique et morale.

Maurras lui-même le dit sans ambages : « La politique n'est pas la morale », et il poursuit : « La science et l'art de la conduite de l'État n'est pas la science et l'art de la conduite de l'homme. Où l'homme général peut être satisfait, l'État particulier peut être déconfit [1] ». Ces affirmations faisant suite à l'aphorisme : « On ne peut baser un raisonnable calcul politique sur l'espérance que le monde entier se trouvera un jour retourné dans le sens de la morale [2]. » L'aphorisme vaut peut-être... Mais le fait est qu'il est perfidement placé au début d'une section sur « la distinction entre la morale et la politique ». Maurras poursuit d'ailleurs au moyen de propos très significatifs. Comme celui-ci : « L'ordre de la politique et l'ordre de la conscience sont distincts. La conscience humaine poursuit des fins spirituelles, elle cherche le salut individuel. La politique, qui s'en tient au temporel, s'intéresse à la vie prospère des communautés ; elle détermine les conditions générales du bien public dans les groupes naturels que forment les hommes. Elle relève donc, comme ces groupes, d'un ensemble de lois naturelles. Étant donné ces lois, qu'elle s'attache à discerner et à formuler avec toute la netteté de la science, elle trace et éclaire la conduite des politiques, à peu près comme la physiologie, la pathologie et la thérapeutique inspirent et dirigent la conduite des médecins [3]. »

Puis ceci : « Toute société se construit suivant des nécessités naturelles dont il s'agit de connaître exactement l'essence, non d'affirmer ou de contester la justice et le bien-fondé. Nous ne savons s'il est juste qu'un fils ne puisse choisir son père, ou qu'un citoyen soit jeté dans une race avant d'en avoir manifesté le libre vœu, le libre choix. Nous savons que les choses ne sont pas maîtresses de se passer autrement. Est-il juste qu'une opinion bien intentionnée, quand elle est absurde, puisse perdre

1. *Ibid.*, p. 125.
2. *Ibid.*
3. *Ibid.*, p. 125-126.

un État ? Peut-être, mais, pour le salut de cet État, l'important ne sera point de décider si la chose est juste, mais de la connaître pour l'éviter. L'infaillible moyen d'égarer quiconque s'aventure dans l'activité politique, c'est d'évoquer inopinément le concept de la pure morale, au moment où il doit étudier les rapports des faits et leurs combinaisons. La morale se superpose aux volontés : or, la société ne sort pas d'un contrat de volontés, mais d'un fait de nature [1]. » Et pour avoir une vue complète de la pensée de Maurras à ce sujet, relevons encore cette remarque : « En examinant la structure, l'ajustage et les connexités historiques et sociales, on observe la nature de l'homme social (et non sa volonté), la réalité des choses (et non leur justice) ; on constate un ensemble de faits dont on ne saurait dire après tout s'ils sont moraux ou immoraux, car ils échappent de leur essence à la catégorie du droit et du devoir, puisqu'ils ne se rapportent pas à nos volontés [2]. »

On ne peut être plus explicite. Voici, d'ailleurs, de la même manière, comment Maurras traite les sentiments moraux en politique : « La tendresse et la dureté, la douceur et la violence, avant d'être des forces morales, sont des forces, et c'est en tant que forces qu'elles agissent en politique, heureuses ou malheureuses suivant le degré, l'instant, ou le lieu de l'application. Qu'est-ce à dire ? Que la bonté, ni au demeurant la malice, n'ont pas de vertu propre dans l'ordre des succès et des revers militaires ou politiques : quand un honnête homme est vainqueur, ce n'est pas l'honnêteté qui est victorieuse, ni la méchanceté quand c'est le méchant qui l'emporte. Ce domaine de la fortune politique est soumis à des lois particulières et spécifiques [3]. » L'hypothèse est que celles-ci seules sont la mesure, en politique, et non, par exemple, la fraternité, la liberté, etc.

1. *Mes idées politiques*, p. 126.
2. *Ibid.*, p. 126-127.
3. *Ibid.*, p. 128.

Politique « scientifique ».

Un autre point de vue important – dont on a retrouvé des analogues en notre temps, dont le marxisme – c'est que la politique est une science, voire une science positive, analogue aux sciences de la nature. « Le postulat de la science positive, dit Maurras, c'est que les sociétés soient des faits de nature et de nécessité [1]. » De fait, « on n'a point trouvé trace du contrat primitif, ni du primitif solitaire… La loi, la loi civile et politique elle-même, est apparue un rapport découlant de la nature des choses conformément à la définition de Montesquieu, et contrairement à la définition démocratique de la Déclaration : "La loi est l'expression de la volonté générale" [2]. »

En conclusion de ses réflexions sur la science, Maurras affirme : « La politique en arrive donc à se définir : la science des conditions de vie prospère des communautés. » Vie prospère, non pas morale ou juste. « Un principe mortel, continue le texte, ou qui entraîne la diminution de la santé et de la prospérité générale, se trouve donc réfuté, désavoué automatiquement par cette science [3]. »

La société est première par rapport à l'individu.

Un autre trait s'ensuit : la société est première, c'est elle qui « forme l'individu », non l'inverse [4]. « Considérons encore, dit Maurras, le monde des êtres qui vivent. Il y a des espèces (elles sont très inférieures) où l'individu détermine une sorte de société ; ce sont les espèces où la reproduction s'opère par voie de scissiparité. Un être, dont toutes les parties semblent homogènes et presque identiques, se partage en deux, voilà deux êtres tout semblables. Ce n'est point le cas de l'animal

1. *Ibid.*
2. *Ibid.*, p. 205.
3. *Ibid.*
4. *Ibid.*, p. 116.

supérieur ; là, il faut un couple, il faut deux individus très différents pour produire un troisième individu ? Cet être nouveau ne naît pas d'un générateur, ni même de deux générateurs, mais plus exactement de la société de ces générateurs. L'association est autre chose que l'addition des associés. Et elle commence par paraître leur mère. Mais, dans le genre humain, d'une part le nouveau-né est si faible, d'autre part il est appelé à de tels degrés de développement que la société ne le quitte jamais. Elle le reçoit et le continue, elle l'a précédé et elle le suit ; antérieure et postérieure à chacun de nous, cette grande fée bienfaisante, qui dispose partout de quelques industries et traditions utiles, mais qui, parmi nos races d'Occident, centralise un immense capital civilisateur, notre société humaine (sans être débitrice des plus vastes génies qui ont toujours reçu d'elle bien plus qu'ils ne lui ont apporté) semble la créancière universelle de nos semblables. Vraiment, comme Léon de Montesquieu l'a si bien remarqué dans *La Raison d'État*, l'on ne peut pas dire : “1er l'homme, 2e la société”. Il faut absolument se ranger au parti de dire : “1er la société, 2e l'homme” [1] ».

En quel sens la société a-t-elle cette supériorité ? « L'homme associé, répond Maurras, tout à la fois groupé et isolé, réglé et libéré par l'association, n'est sans doute pas absolument meilleur que l'homme individuel ; il est tout simplement plus apte à une vie supérieure, à la vie de société. Il ose moins pour son caprice. Il a plus d'intérêt à oser pour le bien commun, la communauté qui le presse étant petite et le bien de la communauté plus proche du sien [2]. » La conséquence est en tout cas que « le vrai moi, le moi spontané, est un nous, ou n'a pas de sens [3] ». Et Maurras de poursuivre : « Un homme habitué à réfléchir avec rigueur et qui fait le compte de tout ce qu'il est d'autre que soi est terrifié de l'exiguïté et de la misère de son petit domaine strictement propre et personnel. Nous sommes nos ancêtres, nos maîtres, nos aînés. Nous sommes nos livres, nos tableaux, nos

1. *Mes idées politiques*, p. 116-117.
2. *Ibid.*, p. 117.
3. *Ibid.*, p. 118.

statues ; nous sommes nos paysages, nous sommes nos voyages, nous sommes (je finis par le plus étrange et le plus inconnu), nous sommes l'infinie république de notre corps, qui emprunte presque tout ce qu'il est de l'extérieur et qui le distille en des alambics dont la direction et le sentiment même nous échappent complètement [1]. »

Maurras donne encore ces précisions : « La société n'est certes pas un grand animal dont les individus ne seraient que les cellules subordonnées. Mais elle n'est pas non plus une de ces "mises en commun" de volontés que l'on appelle, en Droit, des associations. La société n'est pas une association volontaire : c'est un agrégat naturel. Elle n'est pas voulue, elle n'est pas élue par ses membres. Nous ne choisissons ni notre sang, ni notre patrie, ni notre langage, ni notre tradition. Notre société natale nous est imposée. La société humaine fait partie des besoins de notre nature. Nous avons seulement la faculté de l'accepter, de nous révolter contre elle, peut-être de la fuir sans pouvoir nous en passer essentiellement [2]. »

L'influence de Maurras dans les milieux catholiques.

Très nombreux furent les catholiques, dans leur contexte de résistance à la Révolution, à suivre de tout cœur ce chemin. Et il vaut la peine, sur l'influence de l'Action française dans les milieux catholiques, de relever tout de suite ces phrases impressionnantes de Eugen Weber, l'historien américain, grand connaisseur [3] : « Clercs et laïcs, les dirigeants de la renaissance néo-thomiste, riposte du catholicisme français à l'exégèse subversive (au temps du modernisme), gravitaient autour de l'Action française. Des esprits non politiques, des savants incontestables comme Billot ou le Père Thomas Pègues, ne voyaient que son opposition déterminée aux forces mondaines du

1. *Ibid.*
2. *Ibid.*, p. 118-119.
3. Eugen WEBER, *L'Action française*, trad. de l'anglais, Paris, Stock, 1962.

modernisme, les facultés catholiques regorgeaient d'admirateurs de Maurras, tendant, tel l'abbé Maisonneuve de Toulouse à considérer comme infaillibles ses idées politiques antilibérales. On peut dire, en particulier des Dominicains comme les Pères Georges de Pascal, Jacques Vallée et Garrigou-Lagrange – sans oublier Dom Besse, le maître des novices à Notre-Dame de Ligugé –, ce que Raïssa Maritain écrit de l'un d'eux, le Père Humbert Clérissac : "Ce Père Clérissac admirait passionnément Maurras, dans son dégoût du monde moderne, dans son pur enthousiasme pour la notion d'ordre métaphysique ; il faisait confiance à l'Action française." L'influence de pareils hommes était grande à une époque où les jeunes gens des classes instruites, mal à l'aise devant les idées critiques de la Sorbonne rationaliste, se tournaient en foule vers l'Église, espérant trouver en elle les principes d'ordre et de discipline sociale qui pourraient aider à conjurer la destruction de leur monde [1]. »

Bernanos en fut. Raïssa et Jacques Maritain en furent. Les Assomptionnistes de la Croix en furent. Des Jésuites aussi.

Vers 1920-1925, ajoute E. Weber, « l'Action française atteignit l'apogée de son influence et de son efficacité dans les milieux catholiques plus encore que dans l'ensemble du pays. Les listes de souscription sont remplies de séminaristes, de membres du clergé, de professeurs d'écoles catholiques… À de rares exceptions près, toutes les revues qui touchent les milieux catholiques subissent la domination des royalistes (en pratique, les gens d'Action française) [2]. »

Et notre auteur de transcrire cette citation d'Yves Simon, qui décrit bien l'atmosphère : « Se déclarer démocrate dans ces milieux c'était consentir à être l'objet d'une pitié ironique et dédaigneuse […]. Afin de paraître à la mode et de faire son chemin, il fallait montrer des airs de supériorité à l'égard des erreurs libérales, railler la liberté, l'égalité et la fraternité, faire des plaisanteries sur le progrès, prendre un air vague quand on parlait de la dignité humaine et des droits de la conscience,

---

1. E. WEBER, p. 251-252.
2. *Ibid.*, p. 254-255.

affirmer bien haut que tout projet d'ordre international était une sanglante chimère, et ricaner à propos de la Société des Nations [1]. »

« L'influence du nationalisme intégral, poursuit E. Weber, se manifestait de même, de façon alarmante, au sein des organisations catholiques de la jeunesse française. L'Association Catholique de la Jeunesse Française (ACJF) vit son recrutement ralentir en raison de la puissance des royalistes dans la classe moyenne catholique [2]. » C'est même cela qui fit déborder le vase et fit demander l'intervention de Rome, entraîna même la condamnation, en dépit de la sympathie de beaucoup d'évêques, en France et en Belgique, pour l'Action française. (Le Cardinal Mercier de Malines fut lui-même un grand admirateur de Maurras).

Une séparation désastreuse de la politique et de la foi.

Il paraît clair aujourd'hui qu'une pensée comme celle de Maurras ne pouvait pas ne pas se traduire chez les catholiques en une séparation de la politique d'avec leur foi et leur religion. Mais il faut remarquer, pour comprendre un peu, que cela allait de pair avec une conviction que la politique proposée servait le mieux l'Église. Comme le dit Mgr Ricard expliquant « les motifs qui ont dicté la condamnation », le 14 septembre 1927, l'Action française affirme sans cesse que « seul ce parti est capable d'assurer la vie, l'action et la prospérité de l'Église de France ». Cependant, l'Église rêvée par elle serait, dit Mgr Ricard, « une Église vidée de l'Évangile, et, si ses désirs se réalisaient, Maurras aurait réussi la « déchristianisation du catholicisme [3]. » Les vues de Maurrras excluaient en effet

1. Y. SIMON, *La Grande Crise de la République française*, Montréal, Éd. de l'Arbre, 1941, p. 52-53.

2. E. WEBER, *L'Action française*, p. 257.

3. *Documentation catholique* (abrégée ensuite DC), 1927 II, col. 652-653.

nettement que la démarche politique puisse être en quelque sens intérieure à la foi ou proche de la foi.

Quand d'ailleurs la condamnation eut été prononcée par Rome, nombre d'hommes formés de cette façon eurent le plus grand mal à comprendre que le pape ait pu agir de façon religieuse dans un domaine relevant aussi de la politique. Si son intervention touchait le domaine politique, elle ne pouvait pas être religieuse ! Maritain, qui, lui, accepta la condamnation, fait expressément allusion, dans un livre significatif du moment, *Quand Rome a parlé* [1], à ceux pour qui « si l'Action française est frappée à raison de fins temporelles, et pour un objet politique, le pape n'est pas intervenu au titre même de sa souveraineté religieuse, spirituelle, qui exige en tout lieu pour ses ordres l'obéissance du catholique », et « ses actes ne dépassaient pas la sphère des simples directives qui conviennent en pareil cas, c'est par abus qu'il a transformé celles-ci en ordres formels ». Maritain leur répond, précisément : « Sans doute la condamnation de l'Action française a des répercussions sur le temporel [...] mais en elle-même et essentiellement, c'est une mesure d'ordre spirituel. » « En vertu de leurs habitudes de pensée, remarque il est vrai Maritain, les disciples de Charles Maurras sont spontanément portés à tout envisager par rapport à l'ordre politique et à donner au moindre événement de cet ordre une valeur disproportionnée qui leur cache le reste. »

Quant à notre sujet, il écrit aussi : « Les disciples catholiques de Maurras, pour se donner la liberté de le suivre en politique sans tomber dans ses erreurs religieuses et philosophiques, ont généralement, en fait, établi une coupure entre la religion qu'eux-mêmes professent, et le domaine politique, où ils tiennent Maurras pour maître. » Cette coupure, effectuée bien entendu par les seuls catholiques, était facilitée et préparée par la coupure que Maurras faisait quant à lui entre sa politique « naturelle » et la morale (ou la religion). Au total, en effet, il ne s'est pas tellement agi, quoi qu'en aient dit plusieurs, du fait que les maurrassiens optaient pour le royalisme contre le

1. *Quand Rome a parlé*, Paris, Spes, 1927.

républicanisme – l'Église prétendit toujours laisser la liberté de préférer l'un ou l'autre genre de régime politique –, mais du fait que les catholiques de l'Action française suivaient Maurras dans sa conception fondamentale de la politique. Ils l'entendaient, comme lui, à la manière d'une physique : la vie et l'action politique, estimait Maurras, ont leurs lois propres, indépendantes de toutes autres vues, philosophiques ou religieuses, eux en concluaient que politique et foi étaient vraiment séparées. Ils l'affirmèrent même de plus en plus, après la condamnation romaine, pour se défendre de celle-ci. « L'Action française, dit E. Weber, faisait entre ses fins temporelles et spirituelles une distinction formulée avec de plus en plus de précision à mesure que se développait le débat de 1926-27 [...] [alors que] du point de vue catholique, du point de vue romain du moins, la séparation des sphères spirituelles et séculières, bien qu'elle doive être quelquefois permise en pratique, ne peut jamais être admise en principe [1]. »

Pie XI, dans sa condamnation, avait parlé d'« entreprises » et d'une « école », « qui placent les intérêts des partis au-dessus de la religion et veulent mettre la seconde au service des premiers [2] ». Dans l'article « Non possumus » du 24 décembre 1926 par lequel elle riposta, l'Action française répondit : « Jamais l'"Action française" n'a placé la politique avant la religion, sinon pour dire qu'un moyen est employé avant le but et pour toucher le but. [...] Maurras a toujours professé la subordination de la sociologie et de la politique à la morale : cela est visible jusque dans ses analyses de la philosophie de son maître Auguste Comte [...] Il n'a pas non plus fait servir la religion aux intérêts de la politique. L'histoire du culte de Sainte Jeanne d'Arc dans les rues de Paris suffirait à rétablir la vérité sur ce dernier point. » Il n'y avait pourtant pas de fumée sans feu. On le vit bien à la résistance qu'opposèrent à la condamnation pontificale ceux qui y virent une atteinte à leur liberté dans le domaine politique. L'article du 24 décembre 1926 déjà cité à l'instant

1. E. WEBER, p. 285-286.

2. Allocution au Consistoire du 20 décembre 1926, DC, 1927, I, col. 133.

disait : « Il ne s'agit plus de morale, il ne s'agit plus de foi, il s'agit de politique… » Et de manière grave, prétendait-il. Or une politique s'impose absolument. Le même article concluait : « Le père qui demande à son fils de tuer, ou, ce qui revient au même, de laisser tuer sa mère, peut être écouté avec respect, il ne peut être obéi. » Cela voulait dire : la politique est séparée, une autorité religieuse ne peut y intervenir.

Comment, cependant, cela fut-il jamais possible pour des catholiques, demande facilement le lecteur d'aujourd'hui ? C'est ici qu'il faut, je pense, revenir à l'allusion faite plus haut à une certaine philosophie, un certain néo-thomisme – bien différent sans doute de la véritable pensée de saint Thomas –, qui contenait une métaphysique objectiviste quasi « naturelle », paradoxalement « positive ». Les tenants de ces vues les opposaient à l'individu, à la liberté, même à la conscience (morale), en définitive à la foi (subjective), considérés par eux comme de l'arbitraire, du futile, du prétentieux, dénués par comparaison avec la « politique naturelle » de tout poids véritable. Ils étaient, encore une fois, franchement « antimodernistes », méfiants à l'égard de l'histoire, facteur de relativisation, comme à l'égard de la philosophie du sujet, réductrice d'objectivité.

Il faut avoir bien conscience, pour conclure sur ce point, que l'histoire récente de la relation de la politique et de la foi commence dans le catholicisme par cette extrême séparation et scission. En notre pays assurément. Mais en plus d'un autre aussi, car cette pensée diffusa dans d'autres parties du monde. Elle a longtemps inspiré le nationalisme catholique argentin, par exemple ; on en retrouve des traces encore aujourd'hui. Et il y a eu des analogues de ceci dans presque toute l'Amérique du Sud.

Les remous après la condamnation.

En 1926-1927 donc, Rome réagit, comme je l'ai déjà indiqué. Mais il vaut la peine de poursuivre un peu le récit des événements Car ce fut une très grande crise, en France surtout. Même, bien des évêques firent grise mine à la décision romaine.

« C'était la première fois en un siècle, écrit E. Weber, que tant d'évêques avaient gardé d'aussi évidentes sympathies pour un mouvement condamné, même après que le pape eut parlé [1]. »

Il est malaisé d'imaginer aujourd'hui, à la distance de soixante-dix ans, l'ampleur des remous que provoquèrent la condamnation des idées de Maurras et, plus particulièrement, l'interdit jeté sur son journal *L'Action française* – qu'aucun catholique ne pouvait plus lire sous peine de privation des sacrements de l'Église. Lisons du moins ce qu'en conte Adrien Dansette dans son *Histoire religieuse de la France contemporaine* [2] : « On trouve un peu partout, dit-il, des prêtres qui rassurent les catholiques d'Action française, s'ils ont besoin de l'être, et leur donnent des sacrements dans des conditions illicites. Les militants peu connus échappent en grand nombre à ces difficultés, surtout à Paris, parce qu'ils négligent d'informer leurs confesseurs de leur situation et que ceux-ci négligent de les questionner. Mais, en province, il n'est pas possible d'ignorer la révolte d'une personnalité connue, d'un militant notoire. D'où des drames spirituels qu'illustrent des incidents hauts en couleur. Bernanos aimait à raconter l'anecdote de ce chef de section locale d'Action française qui, s'étant vu refuser la communion par un prêtre de sa connaissance, sans doute ancien maurrassien, le suivit à travers les rues de la ville en criant de vingt mètres en vingt mètres : "Monsieur l'Abbé Un Tel, vous êtes un imposteur et un Tartuffe." Il eût goûté aussi l'aventure à la saveur amère de cet autre ligueur, titulaire des mêmes fonctions dans une ville du Midi : son foyer ravagé, séparé de ses enfants, chassé de la Table Sainte d'église en église par des curés qui se le signalaient les uns aux autres, il se voyait contraint d'aller chercher toujours plus loin la communion qu'on lui refusait. Les mariages des réfractaires sont bénis, comme les mariages mixtes, à la sacristie où le prêtre reçoit les engagements des futurs époux ; mais il advient qu'un autre prêtre

---

1. E. WEBER, p. 278.

2. Adrien DANSETTE, *Histoire religieuse de la France contemporaine*, Paris, Flammarion, 1965, p. 788-789.

célèbre une messe clandestine dans un salon familial devant quelques intimes. Des mourants ne peuvent recevoir l'extrême-onction à moins d'avoir fait amende honorable et doivent, s'ils meurent insoumis, être conduits à leur dernière demeure sans les prières de l'Église ; mais il arrive que les proches de l'un d'eux ne se contentent pas de faire porter une croix par un ami à la tête du cortège, et qu'à leur demande un prêtre venu d'un autre diocèse apparaisse le temps de prononcer l'absoute, puis disparaisse aussitôt (les risques sont redoutables en effet : on cite le cas d'un jeune abbé dont les deux sœurs sont visitandines et qui se voit frappé de l'interdit pour avoir, revêtu du surplis et de l'étole, procédé à la levée du corps de son père). L'opinion publique, l'opinion catholique surtout, s'émeuvent de ces incidents douloureux et comprennent mal les traitements cruels réservés à des fidèles dont la faute a été de croire sincèrement l'Action française condamnée pour des raisons politiques, alors que l'Église se plaît à accorder l'honneur et la caution de ses pompes aux dépouilles de mécréants notoires, parfois de leur vivant ses adversaires acharnés. Le contraste est d'autre part choquant entre l'indulgence confinant au laxisme dont font preuve certains ordinaires dans l'application des sanctions et la sévérité sans nuance dont d'autres ne se départissent pas. »

Très justement, A. Dansette écrit aussi quelque pages plus tôt : « Comme le dira Mgr Ricard, de Nice, là où le chef forme des disciples à un système politique qui découle d'une vue païenne de l'homme, de la religion et de la cité, les adhérents ne voient qu'un parti destiné à rétablir une (certaine) forme de gouvernement. » « Attirés par des conclusions de politique monarchiste ou patriotique », ils sont « désarmés pour repousser l'esprit philosophique qui baigne ces conclusions [1] ».

Il y eut beaucoup de confusion. Rome gagna cependant peu à peu la partie, faut-il ajouter. Un premier « ralliement » des catholiques français, demandé par le pape Léon XIII en 1892, n'avait guère réussi. L'espèce de « deuxième ralliement » que constitue la condamnation de l'Action française, réussit au

1. A. DANSETTE, p. 784.

contraire. Même, dès « la fin des années vingt, écrit E. Weber, l'Action française commençait à ressentir les effets de la condamnation beaucoup plus que l'Église [1] ». De nouvelles générations montèrent, bien différentes. Le catholicisme français dans sa majorité prit une autre direction. En 1939, il fut possible à Pie XII de lever l'interdit de lecture du journal en réponse à une lettre de soumission des chefs de l'Action française.

Et l'étape suivante consiste bientôt en une orientation de sens tout contraire. Elle a son point de départ particulièrement dans le geste de soumission de Maritain expliqué dans *Quand Rome a parlé*, déjà mentionné ci-dessus [2], puis dans *Primauté du spirituel* [3], prolongé ensuite par *Humanisme intégral* (en 1936). Entre la foi et la vie chrétiennes et la politique Maritain rétablira la relation. Le subjectif retrouvera aussi du coup ses droits : Maritain accueillera la démocratie, face à l'objectivisme royaliste. À Maritain donc nous consacrerons, pour avancer dans l'histoire, notre prochain chapitre. Il n'est pas sans intérêt, cependant, avant de l'aborder, de faire encore retour, dans un bref appendice, sur un événement de sens apparemment contraire à la condamnation de l'Action française, survenu quelque temps auparavant, à savoir la condamnation du « Sillon » de Marc Sangnier en 1910, non sans quelque rapport cependant.

Une autre condamnation, celle du Sillon.

On peut, en effet, rencontrant l'attitude que nous avons vue chez les disciples de Maurras, se demander si une semblable survalorisation du politique – et d'une certaine option politique – ne s'était pas produite également dans le cas du Sillon.

En apparence assurément, c'est le contraire qui avait lieu. Car

---

1. E. WEBER, p. 278.
2. Paris, Spes, 1927.
3. Paris, Plon, 1927.

ce que voulait le jeune Marc Sangnier, réunissant ses condisciples du collège Stanislas dans la « crypte » de cet établissement, en 1899, c'était planter « le grand arbre du christianisme démocratique et social [1] ». « Ces amitiés – celles qui se sont nouées autour de lui –, il n'aspire, dit A. Dansette, qu'à les *étendre* à l'humanité tout entière : que le royaume de Dieu ne soit pas seulement une espérance dans l'au-delà, mais une réalité ici bas, œuvre des hommes de bonne volonté, fruit de leur amour réchauffé et épuré par le christianisme. Voici la cité idéale de la démocratie chrétienne entrevue par un prophète de vingt ans, qui en chante la beauté à ses camarades émerveillés [2]. »

Cependant, au bout de quelques années, au temps de ce qu'il a appelé « le plus grand Sillon », on se demande si, la « démocratie » n'est pas, elle aussi, devenue pour lui comme un absolu, valant par elle-même, indépendante du christianisme qui l'avait d'abord inspirée. Le Sillon est d'ailleurs devenu un « mouvement laïque qui se propose de travailler pour sa part à réaliser dans notre pays la République démocratique ». Dans la lettre sévère que Pie X adressera aux évêques de France à son sujet, le 25 août 1910, on lit : « Les chefs du Sillon allèguent qu'ils évoluent sur un terrain qui n'est pas celui de l'Église ; qu'ils ne poursuivent que des intérêts de l'ordre temporel et non de l'ordre spirituel [...] Ils se font illusion lorsqu'ils croient évoluer sur un terrain aux confins duquel expirent les droits du pouvoir doctrinal et directif de l'autorité ecclésiastique ».

Pie X remarque aussi que les sillonnistes soutiennent « un programme qui nulle part ni à aucun degré ne révèle le catholique ». N'y a-t-il pas « deux hommes dans le sillonniste : l'individu, qui est catholique, le sillonniste, l'hommme d'action, qui est neutre » ? « Il fut un temps, dit le pape, où le Sillon comme tel était formellement catholique. En fait de force morale, il n'en connaissait qu'une, la force catholique, et il allait proclamant que la démocratie serait catholique ou qu'elle ne serait pas. Un moment vint où il se ravisa. Il laissa à chacun sa

1. A. Dansette, p. 650.

2. *Ibid.*

religion, ou sa philosophie. Il cessa lui-même de se qualifier de catholique, et à la formule "la démocratie sera catholique", il substitua : "la démocratie ne sera pas anticatholique", pas plus d'ailleurs qu'antijuive ou antibouddhiste. Ce fut l'époque du plus grand Sillon [...]. Une association neutre... »

On ne peut guère supposer, je pense, que le désir de Pie X eût été de voir se constituer un parti catholique. Mais il a été fort critique à l'égard d'une organisation issue d'un laïc catholique prétendant échapper au contrôle de la hiérarchie. Il l'a aussi accusé d'interpréter l'Évangile à sa manière, en absolutisant l'option pour le régime démocratique. En même temps, à tort ou à raison, il a critiqué l'idée d'une totale séparation du politique par rapport à la foi, d'une « neutralité » du politique, comme Pie XI la critiquera dans le cas de l'Action française. Il y a ainsi quelque analogie de cette réaction avec celle à l'endroit de l'Action française proclamant la totale indépendance de la religion et du choix politique. Un problème dont on peut d'ailleurs estimer qu'il a reparu dans l'histoire ensuite, à propos du marxisme, et qui se retrouve dans une certaine mesure encore aujourd'hui à propos du libéralisme.

II

LE RETOURNEMENT JACQUES MARITAIN (1882-1975)

Jacques Maritain, philosophe, né en 1882, converti au catholicisme en 1906, voué dès lors à la renaissance du thomisme, adhérent de l'Action française, se soumit en 1927, franchement et sans réserve, à la condamnation romaine, collabora, comme nous l'avons dit, au livre collectif *Pourquoi Rome a parlé*, puis publia presque aussitôt *Primauté du spirituel* où il explique son attitude. Je partirai de là pour montrer son apport, décisif, en contraste avec l'Action française, sur la relation de la politique et de la foi. Il est fameux ensuite pour *L'Humanisme intégral*, de 1936, *Christianisme et Démocratie*, de 1941, *Principes d'une politique humaniste* en 1945, *L'Homme et l'État*, de 1951 [1]. Il occupe une place considérable dans l'évolution des idées politiques et sociales catholiques, ayant lui-même radicalement évolué.

Christianisme et politique selon Maritain.

Il faut noter qu'il eut d'abord recours, pour justifier l'action du Saint-Siège condamnant l'Action française, à la thèse du « pouvoir indirect », pouvoir de l'Église et de son chef sur le temporel dans la mesure où est en question le spirituel. Ce

1. Dans d'autres domaines, il a publié *De la philosophie chrétienne* en 1933, *Intuition créatrice en art et en poésie* en 1962.

recours de caractère institutionnel ou juridique était en rapport avec la difficulté qu'il eut, en un premier moment, à obéir pour des motifs autres qu'extrinsèques. La *Documentation catholique* résume ainsi l'argumentation du deuxième chapitre de *Pourquoi Rome a parlé ?*, « Une crise de l'esprit catholique », dans le livre de 1927 : « a) La condamnation atteint indirectement l'ordre temporel ; b) mais elle a pour motif et objet de parer aux dangers d'ordre spirituel que le pape déclare apercevoir dans ce mouvement ; c) seul le pape est juge des intérêts en jeu ; d) la seule certitude possible au regard de la conscience catholique était d'obéir quoi qu'il en coûtât [1]. »

Et Maritain d'écrire des phrases comme celle-ci : « Si on aime l'Église, on aime le pape, non seulement d'une manière abstraite et inefficace, mais pratiquement, comme la vivante image du Christ au milieu de nous […]. Et quand on aime le pape, on ne limite pas le champ où il peut et doit exercer sa volonté. »

À mesure cependant qu'il avance dans ce livre même, Maritain approfondit. Ce dont il s'agit finalement – on touche cette fois le fond du problème –, c'est que « Dieu [soit] premier servi » (titre du chapitre III). Il y a une primauté intrinsèque du spirituel. Et la question est au sens strict une question existentielle – pas simplement une question de norme juridique ou d'institution religieuse. On le voit à la manière dont Maritain fait place à la « contemplation » au sein même la « vie humaine », soulignant sa supériorité sur la vie seulement active.

Pour l'intégration.

Sa théologie politique s'ébauche à partir de là. Il va en fait considérer la chrétienté théocratique ou la sacralisation d'une quelconque institution politique comme radicalement dépassées, mais travailler à l'avènement d'une nouvelle chrétienté profane, c'est-à-dire d'un monde politique où le christianisme serait pleinement réalisé sans qu'il cesse d'être un monde profane.

---

1. *Documentation catholique*, 1927 II, col. 460.

Dans l'essai « Religion et culture II » (repris dans *Du régime temporel et de la liberté*), il écrit : « Le moment paraît venu pour le christianisme de tirer toutes les conséquences du fait que le monde issu de la Renaissance et de la Réforme a achevé de se séparer du Christ. Il n'y a aucune solidarité à accepter à l'égard des principes de corruption qui travaillent un monde qu'on est fondé à regarder comme le cadavre de la chrétienté médiévale. Si, à mesure que cette chrétienté se défaisait, une connexion contingente a pu lier, je ne dis pas, certes, la religion elle-même, je dis une certaine projection sociologique de la religion, et une classe pour les intérêts terrestres de laquelle il était bon, en dérision du mot sacré prononcé en l'honneur de la Pauvreté, qu'il y eût "toujours les pauvres parmi vous", cette connexion est désormais brisée [1]. »

Sur la chrétienté, en arrière de nous, Maritain dit : « Dieu régnait dans le monde chrétien, [...] selon les symboles essentiels où une civilisation prend conscience de soi [2] », il ajoute certes aussitôt : « Le diable (aussi) y avait sa part [3]. » Il poursuit cependant : « Selon un type tout autre, peut-être très visible, nous croyons qu'une nouvelle chrétienté se fera jour [4]. »

Mais il s'interroge sur la forme qu'on peut prévoir qu'elle prendra. Il note qu'il faut désormais tenir compte du principe de « réalisation de la liberté » : du fait qu'est admise aujourd'hui la division religieuse. Plus de confessionnalisme donc. Il s'agira d'un « État laïque *chrétiennement constitué* » : « seul sens légitime, dit Maritain, que nous puissions, dès l'instant que nous tenons pour vraie la révélation chrétienne, reconnaître au mot "État laïque", qui autrement n'a qu'un sens tautologique – la laïcité de l'État signifiant alors qu'il est ou bien neutre ou bien

1. *Du régime temporel et de la liberté*, 1933, Paris, Desclée de Brouwer, p. 119.
2. *Ibid.*, p. 120.
3. *Ibid.*
4. *Ibid.*

antireligieux, c'est-à-dire au service de fins purement matérielles ou d'une autre religion [1] ».

Pour ce qui est du politico-économique, il s'agira d'une « organisation de la communauté internationale conforme à la justice et à l'amitié [2] ». Au plan culturel, il sera « instrument du sacré ». Maritain évoque des « foyers de culture » multiples, réunis par l'Église.

Globalement, la perspective est d'« infuser du dedans et comme en secret une certaine sève au monde [3] ». Perspective qui va inspirer bien des entreprises dans la phase nouvelle de la vie de l'Église qui s'ouvre avec l'abandon du séparatisme de style Action française. On va vers une unité, tout en respectant la nature propre du monde et du profane que le christianisme doit informer et transformer. (Il faut distinguer, pour permettre une unité, et affirmer la primauté du spirituel – qui interdit la confusion profane-sacré paradoxalement conséquente à l'indépendance du politique.)

Politique et foi.

Politique et foi sont donc vraiment liées, pour Maritain, s'il s'agit de cette politique nullement cléricale, confessionnelle ou théocratique mais chrétienne dans son fond, qu'il décrit ainsi.

Il vaut certes encore la peine de noter qu'il n'attend pas grand-chose pour cela de l'Action Catholique, car – dans la théorie de l'époque avancée par Pie XI – « elle ne vise pas le temporel comme tel [4] ». Il n'envisage pas, d'autre part, de parti politique catholique [5]. Mais il a en vue une « fraternité politique [6] » efficace.

---

1. *Du régime temporel et de la liberté*, p. 125.
2. *Ibid.*, p. 126.
3. *Ibid.*, p. 134.
4. *Ibid.*, p. 173.
5. *Ibid.*, p. 174.
6. *Ibid.*, p. 176.

Le « dualisme » est un des caractères de cet âge. Il faut lutter contre ce « dualisme ». Assurer en particulier une rigoureuse purification des moyens [1]. « Chrétiens, dit Maritain, qui n'en pouvez plus, qui vous sentez à bon droit révolutionnaires... regardez à quels ennemis vous avez affaire, et demandez-vous s'il est seulement concevable que vous les battiez avec leurs armes [2]. » C'est avec leurs armes propres que les chrétiens doivent se battre. Est d'ailleurs évoqué aussi le Satyagraha de Gandhi. Autre aspect d'une intégration de la politique et de la foi que propose Maritain – la politique demeurant certes politique et profane.

Engagement du chrétien en politique.

On retrouve le même ton dans *La Lettre sur l'indépendance* en 1935 : « L'indépendance des chrétiens témoigne de la liberté de leur foi en face du monde. [Mais] c'est tout le contraire d'une retraite ou d'une évasion ; tout le contraire d'une défection devant le drame de l'existence et de la vie, d'un retranchement dans une curiosité “spectaculaire”. C'est un engagement d'autant plus réel et d'autant plus profond que la liberté intérieure est intacte. À la vérité, c'est une conséquence de la loi de l'Incarnation, dans l'effrayant dynamisme de laquelle tout chrétien est en quelque mesure entraîné, s'il ne résiste pas à ce qu'il est [3]. »

Maritain dit certes devoir d'abord surmonter un « écœurement profond » devant les « jeux ordinaires de l'arène politique » : « Le philosophe, affirme-t-il, y voit le mensonge de l'illusion s'emparer du réel et le dévorer, du seul fait que le réel n'agit ici qu'en passant dans l'opinion des hommes et en y devenant autre chose, et que les interférences des choses de

1. *Ibid.*, p. 184.
2. *Ibid.*, p. 189.
3. J. Maritain, *Œuvres (1912-1939)*, choix et notes par H. Bars, 1974, p. 951.

l'âme et des choses de la vie publique, du spirituel et du social, y sont plus graves que partout ailleurs ; il y voit le mauvais commerce des apparences et du sang, les terreurs et les haines manœuvrer le pauvre être humain [1]. » « Est-ce donc dans ce cirque des bêtes qu'il nous faut descendre ? » demande-t-il. « Dieu est descendu plus bas », répond-il. Et suit cet enseignement : « Loin d'être dispensé des obligations auxquelles tout homme est tenu dans l'ordre social et politique, le chrétien sait qu'à ces obligations il doit satisfaire en chrétien, en portant jusque dans ce monde de la violence et de la contradiction le témoignage de l'esprit dont il est. Le philosophe chrétien sait qu'il lui faut élaborer, sous le ciel des principes suprêmes dont l'Église a le dépôt, mais à ses risques et périls et sur la terre de l'histoire humaine et profane, une philosophie politique et sociale assez réaliste pour "prendre" sur le vivant travail historique qui se fait sous nos yeux, et tout à la fois assez libre pour affirmer le primat politique de ce que le monde actuel ne cesse de tourner en dérision, je veux dire de la dignité de la personne humaine, du bien commun de la multitude assemblée, des valeurs morales et spirituelles [2]. »

L'esprit qui anime cet engagement s'exprime bien dans cette phrase : « L'instinct spirituel, qui est de Dieu, demande aux chrétiens de se disperser dans le monde que Dieu a fait, pour y porter témoignage et pour le vivifier [3]. » « Il faut, précise Maritain, défendre tout ce qui subsiste encore de valeurs humaines et chrétiennes, mais il faut aussi, dans la mesure de l'effort humain, créer un monde nouveau, un nouveau monde chrétien [4]. »

Et il faut faire preuve d'initiative et de cohérence. Tout à l'encontre du comportement que Maritain appelle bien-pensant. « On voit des hommes excellents dans leur vie privée s'enfermer, dès qu'il s'agit de choses sociales et politiques, dans

1. *Œuvres*, p. 952.
2. *Ibid.*
3. *Ibid.*, p. 954.
4. *Ibid.*, p. 953-954.

une amère et volontaire ignorance du prochain et des réalités les plus certaines, et refuser, comme des vaincus d'avance, toutes les initiatives que l'action de Dieu dans le temps sollicite d'eux ; ils se plaignent que le monde leur échappe et ils ne sauraient que faire du monde [1]. » Aujourd'hui, ils « font comme si toute une moitié de la France – celle qui vote à gauche – était vouée d'avance à l'athéisme et au communisme [2] ». En fait le christianisme a quelque chose à offrir en face de ce communisme. « Des chrétiens seuls, dit Maritain, peuvent avoir une doctrine assez ferme, hardie et vigoureuse pour ôter à l'athéisme ses prétextes, et pour opposer, dans une libre confrontation spirituelle, philosophie à philosophie, philosophie dans la foi à philosophie athée, liberté réelle de la personne à liberté athée, humanisme intégral à humanisme athée [3]. »

Soulignant à nouveau quelques traits déjà manifestés ici, Maritain ajoute : « Je ne pense pas seulement à l'apostolat chrétien qui dans l'ordre purement spirituel cherche à tourner les âmes vers la vie éternelle, je pense à une philosophie chrétienne qui, dans l'ordre temporel et sans arrière-pensée d'apostolat religieux, mais pour trouver dans cet ordre la vérité pratique et pour servir la vie temporelle des hommes, travaillerait à renouveler les structures de la société [4]. » Un peu plus loin, il n'hésite même pas à parler de « politique chrétienne » – mais pas cléricale ou théocratique, bien sûr : « En plus de ce qu'on peut appeler l'action civique chrétienne, qui concerne la défense politique des libertés religieuses comme des biens et des valeurs de droit naturel qui leur sont liés, action civique à laquelle tous les chrétiens sont appelés, je crois, dans l'ordre strictement politique lui-même, à une politique chrétienne, non chrétienne d'apparence et d'apparat, mais vitalement et

1. *Ibid.*, p. 957.
2. *Ibid.*
3. *Ibid.*, p. 958.
4. *Ibid.*

intrinsèquement chrétienne : cette politique n'existe pas, elle n'est qu'ébauchée çà et là, elle est à susciter dans l'histoire [1]. »

La question, dit-il encore, « revient à savoir si l'on croit qu'une politique authentiquement et vitalement chrétienne peut surgir dans l'histoire et se prépare invisiblement dès maintenant. Elle revient à savoir si le christianisme doit s'incarner jusque-là, si la mission temporelle du chrétien doit aller jusque-là, si le témoignage de l'amour vivificateur doit descendre jusque-là, ou s'il faut abandonner au diable le monde en ce qu'il a de plus connaturel : la vie civile ou politique [2]. » La réponse de Maritain est qu'il y a vraiment place pour une telle incarnation du christianisme. Ajoutant : « Je n'ai pas la naïveté de penser qu'une telle politique inaugurerait le royaume de Dieu sur la terre, ou rendrait bons le plus grand nombre des hommes. J'entends que, constamment contrariée, constamment combattue, constamment trahie, elle lutterait constamment pour rendre les structures de la vie sociale et politique plus dignes de la personne humaine et de sa vocation [3]. »

Détail important enfin, Maritain parle plus loin d'« *un ou plusieurs* groupements politiques à dénomination et à spécification politique et véritablement politique [...] et d'esprit authentiquement chrétien ». « Je dis plusieurs groupements, poursuit-il, car sur ce plan-là des hommes unis par la même foi religieuse peuvent très bien différer, et s'opposer les uns aux autres [4]. »

On aura remarqué l'urgence qui est dans nombre de ces propos de Maritain, le style tendu. Le moment où il écrit résonne du mot « révolution ». Ce mot sûrement l'irrite. « Il vaut mieux, dit-il, être révolutionnaire que se dire révolutionnaire, surtout en ce temps où la révolution est devenue le plus "conformiste" des lieux communs, et un titre réclamé par tout le monde [5]. »

1. *Œuvres*, p. 958.
2. *Ibid.*, p. 970.
3. *Ibid.*
4. *Ibid.*, p. 978.
5. *Du régime temporel et de la liberté*, p. 158.

Pourtant il aspire à une transformation *profonde*, ne touchant pas l'économique ou le politique seulement, mais aussi le culturel, les relations du spirituel et du temporel, « la conception qu'on doit se faire de l'œuvre de l'homme ici-bas et en ce temps de l'histoire du monde [1] ». « L'inconvénient du mot révolution et de l'imagerie qu'il véhicule n'est pas, proclame-t-il, de faire penser à un changement trop grand ni trop radical, mais au contraire à un changement borné à des grandeurs d'apparence et à des principes dérivés, à un gros bouleversement brusque dont le radicalisme avant tout extérieur et matériel masque l'absence de profondeur essentielle et spirituelle [2]. » Maritain vise de vraiment grandes transformations.

Humanisme chrétien dans le profane.

Vient, en 1936, *Humanisme intégral*, qui porte à leur maturité les idées déjà développées dans *Du régime temporel et de la liberté* (1933) puis dans la *Lettre sur l'indépendance* (1935). On y retrouve d'abord l'idée de dépassement de la chrétienté médiévale. « Avec l'ambition absolue et le courage inaverti de l'enfance, la chrétienté bâtissait alors un immense château-fort au sommet duquel Dieu siègerait, elle lui préparait un trône sur la terre, parce qu'elle l'aimait. Tout l'humain était ainsi sous le signe du sacré, ordonné au sacré et protégé par le sacré, du moins tant que l'amour l'en faisait vivre [3]. » L'humain tomba, hélas, au bout du compte, dans le mépris : mépris des théologiens et des philosophes, hommes d'Église et hommes d'État… On eut alors l'impression de la fin d'un monde. (Voir, dit Maritain, la prédication de Saint-Vincent Ferrier !) « La dissolution rayonnante du Moyen Âge et de ses formes sacrales fut, ajoute notre auteur,

1. *Ibid.*
2. *Ibid.*, p. 163.
3. *Œuvres (1912-1939)*, Bars, p. 982.

l'engendrement d'une civilisation profane – non seulement profane, mais qui se sépare progressivement de l'Incarnation [1]. »

Aujourd'hui, il faut reconstruire un humanisme chrétien au sein même du profane. Le monde est profane parce qu'ambivalent. Il est sauvé en espérance, « il n'est pas saint, c'est l'Église qui est sainte ». Le but des chrétiens n'est donc pas de faire de ce monde le Royaume de Dieu, cependant de l'humaniser suffisamment pour que le Royaume puisse mystérieusement y mûrir.

Les chapitres IV et V du livre cherchent alors à définir « L'idéal historique d'une nouvelle chrétienté ». Cette cité temporelle est communautaire et personnaliste. Dans le monde actuel, en face du libéralisme individualiste et de l'étatisme totalitaire, le christianisme apparaît d'abord seul capable de défendre la personne et les libertés. Le pluralisme, ensuite, est un trait capital du nouvel idéal. Le pluralisme supposant lui-même une conception « profane-chrétienne » et non plus sacrale du temporel. D'autre part, la pleine autonomie du temporel sera reconnue par le droit, selon les principes énoncés par Léon XIII, dit Maritain, le bien commun temporel n'étant plus simple moyen, mais fin intermédiaire ou « infravalente » : ainsi se dégage l'idée de cité laïque vitalement chrétienne, ou d'État laïque chrétiennement constitué. D'autres aspects importants concernent la liberté d'expression, le dépassement du régime capitaliste par la reconnaissance des droits des travailleurs, l'égalité des personnes, l'amitié civique.

Voici ce que Maritain affirme en conclusion du chapitre V : « Aujourd'hui, dans l'ordre de la philosophie de la culture ou de la civilisation, nous avons affaire, d'une part à des conceptions d'inertie univociste qui s'attachent à ce qu'il y a précisément de mort dans l'idéal temporel de la chrétienté médiévale, d'autre part à toute une idéologie de décomposition révolutionnaire qui s'élève contre l'idée même de chrétienté. Nous pensons qu'ici encore la vérité doit être cherchée comme un sommet entre ces deux erreurs opposées. C'est vers l'instauration d'une véritable

1. *Œuvres*, p. 982.

et authentique chrétienté, fidèle aux principes immuables de tout ordre temporel vitalement chrétien, et pure de toute erreur provenant de l'idéologie antichrétienne et de ce que nous appelions à l'instant l'instinct de dissociation défensive, que nous devons nous orienter ; mais c'est vers une chrétienté nouvelle, réalisant selon un type spécifiquement différent de celui du Moyen Âge les exigences immuables d'une vie temporelle chrétienne, qui sont des exigences analogiques et non pas univoques [1]. »

Il commente encore : « Pris dans son essence, l'idéal médiéval d'une société sacrale chrétienne n'est certainement pas mauvais, puisqu'il a été bon. Mais existentiellement il correspond à quelque chose de fini. S'il nous est permis d'employer d'une façon paradoxale le langage de la métaphysique dans le registre de la philosophie de l'histoire, disons que cet idéal ou cette image prospective a été vraiment une essence, c'est-à-dire un complexe intelligible capable d'existence et appelant l'existence, mais qu'à présent et par rapport à l'existence concrète et datée de l'ère historique où nous entrons, ce n'est plus qu'un être de raison conçu *ad instar entis*, et incapable d'exister. Si saint Thomas avait vécu au temps de Galilée et de Descartes, il aurait appris à la philosophie à se délivrer pour être plus fidèle à la pensée métaphysique d'Aristote, des images et des fantasmes périmés de la mécanique et de l'astronomie aristotéliciennes. Puisse-t-il apprendre de nos jours à la philosophie chrétienne, dans l'ordre social et culturel – pour sauver à travers les mues de l'histoire la substance impérissable du passé, et avant tout du passé de l'Europe chrétienne, en élaborant un idéal historique chrétien capable d'existence et appelant l'existence sous un ciel historique nouveau – à se délivrer des images et des fantasmes du *sacrum imperium*, qui, jadis moment efficace et nécessaire de la croissance de l'histoire, mais devenu aujourd'hui un *ens rationis*, ne pourrait désormais que faire servir une fois de plus la vérité au mensonge, recouvrir et masquer d'une apparence chrétienne les formes d'un régime

1. *Ibid.*, p. 990.

temporel devenu depuis longtemps étranger à l'esprit chrétien. La fécondité de l'analogie en ce domaine n'est d'ailleurs évidemment pas épuisée par l'idéal historique dont nous avons essayé d'esquisser à grands traits les caractères. D'autres pourraient surgir encore, sous des climats historiques dont nous n'avons pas l'idée. Rien n'empêche même les esprits attachés à une conception sacrale chrétienne d'admettre l'hypothèse d'un éventuel cycle de culture où elle prévaudrait de nouveau, dans des conditions et avec des caractères imprévisibles [1]. »

Jamais, même dans *Humanisme intégral*, Maritain ne renonce à la distinction des domaines spirituel et temporel. Il y revient même explicitement dans une annexe intitulée « Structure de l'action ». C'est là qu'on lit les phrases fameuses : « Sur un premier plan d'activité, qui est le plan du spirituel au sens le plus typique du mot, nous agissons comme membres du corps mystique du Christ. Que ce soit dans l'ordre de la vie liturgique et sacramentelle, du travail des vertus ou de la contemplation, de l'apostolat ou des œuvres de miséricorde, notre activité vise comme objet déterminant la vie éternelle, Dieu et les choses de Dieu, l'œuvre rédemptrice du Christ à servir en nous et dans les autres. C'est le plan de l'Église elle-même. Sur un second plan d'activité, qui est le plan du temporel, nous agissons comme membre de la Cité terrestre et comme engagés dans les affaires de la vie terrestre de l'humanité. Qu'elle soit d'ordre intellectuel ou moral, scientifique et artistique ou social et politique, notre activité, tout en étant, si elle est droite, rapportée à Dieu comme fin dernière, vise de soi comme objet déterminant, des biens qui ne sont pas la vie éternelle, mais qui concernent d'une façon générale les choses du temps, l'œuvre de la civilisation ou de la culture. C'est le plan du monde [2]. » « Ces deux plans d'activité sont nettement distincts », insiste Maritain. Cependant, « ils ne sont pas séparés », explique-t-il aussi. Même quand il parle de distinction, il est amené à écrire : « Il est clair que l'ordre de la Rédemption, ou du spirituel, ou des choses qui

1. *Œuvres*, p. 991.
2. *Humanisme intégral*, Aubier, 1936, p. 311-312.

sont à Dieu, doit vivifier jusqu'en ses plus intimes profondeurs l'ordre de la civilisation terrestre, ou du temporel, ou des choses qui sont à César [1]. »

Le refus de séparation restera la dominante : « Faire abstraction du christianisme, mettre Dieu et le Christ de côté quand je travaille aux choses du monde, me couper moi-même en deux moitiés : une moitié chrétienne pour les choses de la vie éternelle – et pour les choses du temps, une moitié païenne ou chrétienne diminuée, ou chrétienne honteuse, ou neutre, c'est-à-dire infiniment faible, ou idolâtre de la nation ou de la race ou de l'État, ou de la prospérité bourgeoise ou de la révolution anti-bourgeoise, ou de la science ou de l'art érigés en fin dernière – un tel dédoublement n'est que trop fréquent en pratique ; il peut même servir à caractériser une certaine époque de civilisation, dont la philosophie politique de Machiavel, la réforme protestante (considérée dans ses effets culturels) et le séparatisme cartésien illustrent les commencements. Dès qu'on prend conscience de ce qu'il représente en réalité, dès qu'on en transporte la formule dans la lumière de l'intelligence, il apparaît comme une absurdité proprement mortelle. Quoi que vous fassiez, dit saint Paul, faites-le au nom du Christ et dans la vertu du Christ. Si la grâce nous régénère, si elle fait de chacun de nous un “homme nouveau”, est-ce pour que nous passions marché avec le “vieil homme” qui dans le temporel servira Mammon en sécurité de conscience, fortifié ou exaspéré par les consolations ou les déceptions que dispense une société civile détachée elle-même de tout lien avec la loi évangélique, tandis que par ailleurs et dans l'accomplissement de nos devoirs religieux nous servirons Dieu la conscience en paix, consolés par les promesses de l'Église et les douceurs de la religion ? En réalité, la justice évangélique et la vie du Christ en nous veulent tout en nous, elles veulent s'emparer de tout, imprégner tout ce que nous sommes et tout ce que nous faisons, dans le profane comme dans le sacré. L'action est une épiphanie de l'être. Si la

1. *Ibid.*, p. 312.

grâce nous prend et nous refait par le fond de l'être, c'est pour que notre action tout entière s'en ressente et en soit illuminée [1]. »

Maurras s'était bien estompé, on le voit, dans l'esprit de Maritain, le christianisme avait été totalement retrouvé. « Là même, dit-il encore, où j'agis comme membre d'une autre cité que l'Église du Christ, la vérité et la vie chrétienne doivent pénétrer au-dedans de mon activité, être l'âme vivifiante et rectrice de tout le matériel de connaissances et de moyens de réalisation que je mettrai en œuvre [2]. » L'un des termes qui expriment le mieux en définitive la position de Maritain c'est qu'il y a possibilité d'une « *réfraction* tout à fait réelle de l'Évangile dans le temporel, compris comme un monde relativement consistant par lui-même (régi par une finalité propre, encore qu'"intermédiaire" ».

Christianisme et démocratie.

Le christianisme a *effectivement* laissé sa trace dans l'histoire politique, Maritain nous le fait entendre dans l'exemple de la démocratie, selon *Christianisme et Démocratie*, en 1942. Cette démonstration a indiscutablement constitué un autre apport important de Maritain à la pensée politique des chrétiens.

« Dans son principe essentiel, dit-il, cette forme et cet idéal de vie commune qu'on appelle démocratie vient de l'inspiration évangélique et ne peut subsister sans elle [3]. » Qu'est-ce à dire ? « Sous l'inspiration évangélique, méconnue souvent mais agissante, la conscience profane a compris la dignité de la personne humaine et elle a compris que la personne, tout en faisant partie de l'État, transcende l'État par le mystère inviolable de sa liberté spirituelle et par sa vocation à des biens absolus [4]. »

Semblablement, ensuite : « Sous l'inspiration évangélique en

---

1. *Humanisme intégral*, p. 312-313.
2. *Ibid.*, p. 314.
3. *Christianisme et Démocratie*, p. 25.
4. *Ibid.*, p. 44.

travail dans l'histoire, la conscience profane a compris la dignité du peuple et de l'homme de l'humanité commune. Peuple fidèle, petit peuple de Dieu, peuple royal appelé au partage de l'œuvre du Christ ; peuple comme communauté des citoyens d'un pays, unie sous de justes lois ; peuple comme communauté du travail manuel et comme réserve et ressource de l'humanité dans ceux qui peinent près de la nature – l'idée que la conscience profane s'est peu à peu formée du peuple vient de la coalescence de tous ces éléments, et c'est de l'héritage de la chrétienté que cette idée procède [1]. »

Puis, autre trait encore : « Quand on sait qu'on est tous faits pour la béatitude on n'a pas peur de la mort mais on ne se résigne pas à l'oppression et à l'esclavage de ses frères, et on aspire, pour la vie terrestre elle-même de l'humanité, à un état d'émancipation conforme à cette dignité [2]. » L'amour fraternel selon l'Évangile a lui-même fait son chemin dans la société humaine : « Ce qui est acquis pour la conscience profane, si elle ne vire pas à la barbarie, c'est la foi en la fraternité humaine, le sens du devoir social de compassion pour l'homme en la personne des faibles et des souffrants, la conviction que l'œuvre politique par excellence est de rendre la vie commune elle-même meilleure et plus fraternelle, et de travailler à faire de l'architecture de lois, d'institutions et de coutumes de cette vie commune une maison de frères [3]. »

« Les idées et aspirations dont je viens de parler, dit alors encore Maritain, nouant la gerbe de ses réflexions, caractérisent l'état d'esprit démocratique et la philosophie démocratique de l'homme et de la société. Et c'est sous l'action du ferment évangélique en travail dans le monde qu'elles se sont formées dans la conscience profane. Par l'effet de la plus absurde des contradictions historiques, elles ont été, au cours du XIXe siècle, en Europe surtout, engagées dans une soi-disant philosophie de l'émancipation de la pensée qui les vidait de toute substance, les

1. *Ibid.*, p. 45.
2. *Ibid.*, p. 50.
3. *Ibid.*, p. 52.

niait et les désagrégeait en prétendant “éteindre les étoiles” au nom de la science, et en faisant de l’homme un singe sans âme auquel les hasards des mutations zoologiques ont réussi. En elles-mêmes cependant, ces idées et ces aspirations restaient et resteront toujours essentiellement liées au message chrétien et à l’action de la stimulation secrète qu’il exerce dans les profondeurs de la conscience profane et du monde. C’est pourquoi j’ai dit plus haut que la poussée démocratique a surgi dans l’histoire comme une manifestation temporelle de l’inspiration évangélique [1]. » Mais il faut justement bien souligner aussi que c’est une manifestation de l’esprit évangélique dans l’élément profane, dans un en-deçà du religieux proprement dit.

La politique elle-même selon J. Maritain.

Voici donc un chrétien, qui, en vive réaction contre l’Action française séparatiste, mais très en garde aussi contre le retour à la chrétienté du pouvoir spirituel direct, a vécu, en forme neuve, d’une idée de forte intégration « chrétienne-profane » du politique et de la foi. Au sens surtout, il est vrai, d’une pénétration du politique par le ferment chrétien. Sans concevoir autant, me semble-t-il, l’« âme naturellement chrétienne » de la politique la plus ordinairement politique… Cela le distinguant sans doute de ce que nous aimerions – ce que j’aimerais – trouver aujourd’hui. Mais il faut être bien conscient de la force qu’a eue, pour toute une époque de la vie de l’Église, cette forme de la pensée d’intégration. Révolution dans l’Église – dans l’Église surtout des laïcs, peut-on dire. L’Action catholique elle-même, l’engagement politique démocrate-chrétien, ou autre d’ailleurs, en ont tiré le plus grand parti jusque dans les premières générations de l’après-guerre. Chemin faisant, nous avons aussi aperçu quelques-unes des positions concrètes de la philosophie politique de Maritain : son option démocratique, comme sa volonté de dépasser le système capitaliste. Notre auteur a en fait exposé

1. *Christianisme et Démocratie*, p. 53-54.

toute une philosophie politique dans une série d'autres ouvrages consacrés directement à ce sujet. *L'Homme et l'État* est le principal. Il est précédé de : *Les Droits de l'homme et la Loi naturelle* (1942), *Principes d'une politique humaniste* (1944) (sur liberté et autorité, égalité, coopération entre les hommes de croyances diverses, et sur le machiavélisme), *La Personne et le Bien commun* (1942) (sur les fondements métaphysiques de sa politique). Sur un point plus particulier, la « guerre juste », Maritain a écrit en 1940 *De la justice politique. Notes sur la présente guerre.*

Revenons sur quelques-uns de ces points concrets.

L'éthique et le réalisme.

Est d'abord à souligner, voisine de ce qui précède, la position de Maritain sur le problème du rapport de la politique à la morale (en face de Maurras et de Machiavel). Maritain subordonne clairement la politique à la morale. Il fait cependant apparaître la particularité de l'éthique politique, en raison surtout de son insistance sur le caractère intermédiaire, « infravalent », de la fin que poursuit la politique. La politique a une réelle consistance dans son domaine : « Un signe décisif de cette spécificité de l'éthique politique, par opposition à l'éthique personnelle, est, dit Maritain, que les communautés terrestres sont mortelles dans leur être même, et qu'elles appartiennent tout entières au temps. Un autre signe est que les vertus politiques tendent à une fin relativement dernière qui est le bien commun terrestre, et ne se réfèrent qu'indirectement à la fin absolument dernière de l'homme. De là plusieurs traits de l'éthique politique [...] : c'est ainsi que maintes règles de vie politique, que les pessimistes du machiavélisme usurpent au bénéfice de l'immoralité – comme la tolérance politique de certains maux, ou la reconnaissance du "fait accompli" (prescription) qui permet de retenir des biens autrefois mal acquis, parce que de nouveaux liens humains et de nouvelles relations vitales ont versé en eux des droits de nouvelle source – sont en réalité éthiquement fondées. En définitive, l'éthique politique est capable d'absorber et de digérer tous les éléments de vérité contenus dans Machiavel, j'entends dans la mesure où le pouvoir et le succès immédiat font effectivement partie de la politique – mais à titre de partie subordonnée, non de partie principale [1]. »

Maritain tient fort à ce degré de « réalisme » de l'éthique politique. Il écrit : « Ce que Machiavel appelle vice et mal, et regarde comme contraire à la vérité et à la morale, peut n'être quelquefois que le comportement moral authentique d'un homme juste engagé dans les complexités de la vie humaine et de la vraie morale. Ainsi la justice elle-même peut réclamer une énergie implacable, qui n'est ni vengeance ni cruauté, contre des ennemis fourbes et méchants. Ou bien encore la tolérance de quelque mal existant, si elle ne s'accompagne ni de complaisance ni de coopération, peut être requise pour éviter un plus grand mal, ou pour affaiblir et réduire progressivement ce mal même. Même la dissimulation n'est pas toujours mauvaise foi ou duplicité. Il ne serait pas moral, il serait insensé d'ouvrir son cœur et ses pensées intimes à n'importe quel individu obtus ou malfaisant. La stupidité n'est jamais morale, elle est un vice [...] Une certaine dose d'artifice, si elle vise à égarer des personnes mal intentionnées, ne doit pas être considérée comme ruse de renard, mais comme une arme légitime de l'intelligence [2]. » Peut-être Maritain fait-il même ainsi Machiavel plus moral que celui-ci n'aurait tenu à l'apparaître.

Maritain dit de même dans *L'Homme et l'État* : « L'hypermoralisme politique ne vaut pas mieux que l'amoralisme politique, et il répond en dernière analyse, au dessein même du cynisme politique. La politique est une branche de l'éthique, mais une branche spécifiquement distincte des autres branches de la même tige [...] L'éthique individuelle tient compte de la fin ultime subordonnée mais vise directement à la fin ultime absolue ; tandis que l'éthique politique tient compte de la fin

1. *Principes d'une politique humaniste*, P. Hartmann, 1944, p. 196-197.

2. *Ibid.*, p. 158-159 ; voir aussi la note 14, p. 197-198 ; *L'Homme et l'État*, p. 56-57 et *Humanisme intégral*, p. 235.

ultime absolue mais sa fin directe est la fin ultime subordonnée, le bien de la nature rationnelle dans ses accomplissements temporels… La crainte de nous souiller en pénétrant dans le contexte de l'histoire n'est pas vertu, mais un moyen d'esquiver la vertu. Certains semblent penser que de mettre la main au réel, à cet univers concret des choses et des relations humaines où le péché existe et circule, c'est de soi contracter le péché, comme si le péché se contractait du dehors, non du dedans. C'est du purisme pharisaïque : ce n'est pas la doctrine de la purification des moyens [1]. » Je ne crois pas que toutes ces formules puissent passer pour réellement satisfaisantes. Mais il faut comprendre d'où l'on venait au temps de Maritain, après Maurras. Il n'était décidément pas facile à l'époque de subordonner la politique à la morale !

Souveraineté, loi naturelle, droits de l'homme.

Maritain a, en revanche, il est vrai, une vue résolument antiabsolutiste de l'État, et conteste la notion de souveraineté appliquée à celui-ci – ou d'ailleurs à quiconque. « Ni le corps politique, ni l'État ne sont souverains […]. Le peuple non plus [2]. » « La souveraineté, dit-il, est une propriété absolue et indivisible, qui ne peut pas être participée et qui n'admet pas de degrés, et qui appartient au Souverain indépendamment du tout politique, en tant que droit propre à sa personne. Telle est la Souveraineté authentique, cette Souveraineté que les rois absolus croyaient posséder et dont la notion a passé en héritage aux États absolus [3]. » Il continue : « Considérons maintenant l'État. L'État est une partie et un organe instrumental du corps politique. Par suite, il n'a ni indépendance suprême à l'égard du tout, ni pouvoir sur le tout, ni droit qui lui soit propre à une telle

1. Jacques et Raïssa MARITAIN, *Œuvres complètes*, Éd. universitaires, Fribourg, Suisse, et Éd. Saint-Paul, Paris, IX, p. 550-551.

2. *Ibid.*, IX, p. 526-568.

3. *Ibid.*, p. 524.

indépendance et à un tel pouvoir. Son pouvoir et son indépendance ne sont suprêmes que par rapport aux autres parties du corps politique, soumises à ses lois et à son administration, et il n'a droit à une telle indépendance relativement suprême et à un tel pouvoir relativement suprême que selon qu'ils lui viennent du corps politique, en vertu de la structure fondamentale ou de la constitution que celui-ci s'est donnée[1]. » Il ajoute : « Rousseau, qui n'était pas un démocrate, a introduit dans les démocraties modernes naissantes une notion de la souveraineté qui était destructrice de la démocratie, et tendant vers l'État totalitaire ; parce qu'au lieu d'en finir avec la notion du pouvoir séparé et transcendant des rois absolus, il a, au contraire, exalté ce pouvoir de mauvais aloi jusqu'à un degré suprenant d'absolutisme, afin d'en faire présent au peuple[2]. »

Maritain maintient, plus généralement, l'idée d'une loi naturelle supérieure aux lois positives. En d'autres termes, les lois sont mesurables par la justice. « Il y a, dit-il, en vertu même de la nature humaine, un ordre ou une disposition que la raison humaine peut découvrir et selon laquelle la volonté humaine doit agir pour s'accorder aux fins nécessaires de l'être humain. La loi non écrite ou le droit naturel n'est pas autre chose que cela[3]. »

Le droit naturel se traduit couramment, lui, en bonne partie en tout cas, par l'idée de droits de l'homme : « La personne humaine a des droits, par là même qu'elle est une personne, un tout maître de lui-même et de ses actes, et qui par conséquent n'est pas seulement un moyen, mais une fin, une fin qui doit être traitée comme telle. La dignité de la personne humaine, ce mot ne veut rien dire s'il ne signifie pas que de par la loi naturelle la personne humaine a le droit d'être respectée et est sujet de droits, possède des droits. Il y a des choses qui sont dues à l'homme par là même qu'il est homme. La notion de droit et la notion d'obligation morale sont corrélatives, elles reposent toutes deux sur la

1. *Œuvres complètes*, IX, p. 528.
2. *Ibid.*, p. 531-532.
3. *Les Droits de l'homme et la Loi naturelle*, *Œuvres (1940-1963)*, Bars, p. 198.

liberté propre aux agents spirituels : si l'homme est moralement obligé aux choses nécessaires à l'accomplissement de sa destinée, c'est qu'il a le droit d'accomplir sa destinée, il a le droit aux choses nécessaires pour cela [1]. »

À noter que Maritain suit aussi Thomas d'Aquin dans l'idée de « droit des gens » ou, dit-il, « la loi commune de la civilisation », qui « se rattache à la loi naturelle d'une manière nécessaire mais n'est pas comme telle connue par inclination » : « Le droit des gens est l'œuvre de la raison conceptuelle tirant des préceptes de la loi naturelle certaines conclusions universelles [2] ». C'est dans le droit des gens que Maritain situe, comme saint Thomas, le droit à la propriété privée des biens matériels, alors que « le droit de l'homme à l'existence, à la liberté personnelle et à la poursuite de la perfection de la vie morale relève du droit naturel, strictement dit [3] ». Maritain ajoute : « La liberté pour les nations de vivre exemptes du joug du besoin ou de la misère... et la liberté pour elles de vivre exemptes du joug de la crainte ou de la terreur... correspondent à des vœux du droit des gens qui demandent à être accomplis par la loi positive et par une organisation économique et politique du monde civilisé [4]. »

Problèmes sociaux et politiques pratiques.

Quant au problème social, auquel renvoie ce point, Maritain se garde de la solution socialiste – et simultanément, nous l'avons vu, de l'idée de révolution – parce qu'il redoute ce qu'il y a de messianique dans le socialisme (avant même Marx, note-t-il), mais il n'est pas de ceux qui se contentent du *statu quo*. Il a écrit en 1938 : « Tant que les sociétés modernes sécrètent la misère comme un produit normal de leur fonctionnement, il ne

1. *Ibid.*, p. 201.
2. H. Bars, *La Politique selon J. Maritain*, Éd. ouvrières, 1961.
3. *Les Droits de l'homme et la Loi naturelle*, p. 204.
4. *Ibid.*, p. 205.

doit pas y avoir de repos pour un chrétien [1]. » « Le chrétien, souvent, se résigne trop vite à un état social misérable », pense Maritain, qui a laissé, dans le même sens, toute une série d'intéressantes réflexions sur l'argent, le capitalisme et le travail, recueillies dans le livre de Henri Bars, *La Politique selon Jacques Maritain* [2].

L'engagement pour la démocratie – qui est davantage il est vrai pour Maritain qu'une question de forme de régime – est un autre trait caractéristique de sa pensée. Nous avons vu tout à l'heure son point de vue sur « christianisme et démocratie ». Il a reparlé de la démocratie dans des écrits proprement politiques. « Gouvernement du peuple par le peuple », c'est ainsi qu'il la définit, suivant Lincoln. Et il est très attaché à cette définition. Il faut ici rappeler que le mot « peuple » a souvent pour lui la connotation de pauvres, personnes simples, non priviligiés.

Il faut, à ce sujet, relire surtout *Principes d'une politique humaniste*, qui contient toute une discussion de la question de l'égalité, la démocratie n'excluant néanmoins pas, pour Maritain, toute espèce d'inégalité. Nous sommes ici très près des débats sur l'égalitarisme du « Sillon » de Marc Sangnier, dont Maritain ne semble pas avoir partagé l'option radicale. La démocratie est d'autre part pour Maritain foncièrement pluraliste, on pourrait même dire qu'elle est équivalemment le pluralisme. Il a été frappé du pluralisme spontané de la société américaine : c'est une « condition particulièrement favorable, note-t-il, à un sain développement de la démocratie [3] ». Ce n'est pas que la société démocratique doive renoncer à toute sorte d'unité spirituelle ; elle suppose en réalité l'adhésion à des convictions humaines et temporelles de caractère pratique concernant la structure même d'une société de personnes (« charte démocratique »). Cependant il ne peut qu'y avoir pluralité des justifications. Même, les justifications diverses sont souvent incompatibles entre elles. Il faut leur laisser la latitude de se

1. *Questions de conscience*, Desclée de Brouwer, 1938, p. 172-173.
2. Voir H. Bars, *La Politique selon Jacques Maritain*, p. 120-127.
3. *Réflexions sur l'Amérique*, 1959, p. 172-173.

manifester. Y compris par un système scolaire, même public, pluraliste [1]. Une solution de type pluraliste doit de même être cherchée au problème de l'organisation politique du monde entier. Il faut, pensait Maritain, commencer par un conseil consultatif suprême « dépourvu de tout pouvoir quel qu'il soit mais revêtu d'une autorité morale incontestable [2] ».

Ce sont autant de points de vue qui ont influé sur bien des milieux avant la Seconde Guerre mondiale mais aussi après. Je n'évoque certes rien, ce disant, des derniers écrits de notre auteur comme *Le Paysan de la Garonne*, démontrant je crois vraiment trop d'amertume à l'égard du temps d'après le concile Vatican II. Beaucoup de ceux qu'il avait antérieurement influencés, nourris peut-on dire d'une doctrine simple mais riche, se gardèrent de le suivre dans cette étape.

1. Voir *Pour une philosophie de l'éducation*, 1960.
2. *L'Homme et l'État*, PUF, 1953, p. 200.

III

EMMANUEL MOUNIER
(1905-1950)

La deuxième grande figure que j'ai à camper, à la même époque que celle de Jacques Maritain, est celle d'Emmanuel Mounier, qui fonda la revue *Esprit* en 1932, et qui sûrement représente une autre approche que celle de son aîné. Il est, disait-il lui-même, du groupe de ceux [des chrétiens] qui « affirment le droit de prendre librement des engagements politiques qui relèvent de la raison pratique [1] ». Il n'est plus tellement partisan de l'intégration que supposait, nous venons de le voir, Maritain, du moins ne la voit-il plus exactement comme lui. Il ne revient certes pas au séparatisme de l'Action française : la nouvelle politique qu'il expose émane en effet fondamentalement du christianisme.

Éviter les compromis essoufflés, s'engager chrétiennement.

Mounier définissait les chrétiens de son espèce par une double exclusion : « Ils n'entendent pas compromettre dans les engagements politiques des valeurs qui sont par nature transcendantes au politique. Ils n'entendent pas non plus réduire d'un cœur léger le problème du christianisme et de l'Église dans le monde au seul danger clérical et remettre au trente-sixième siècle le souci de confronter le christianisme et la révolution [2]. »

---

1. Emmanuel Mounier, *Feu la chrétienté*, Paris, Éd. du Seuil, 1950, p. 14.
2. *Ibid.*

Il faut bien – il faudra bien –, pensait-il, prendre parti, à partir du christianisme, dans les nouveaux problèmes qui se posent, au sein d'une situation révolutionnaire qui se dessine : c'est là le sens de la seconde phrase. Ni l'une ni l'autre des deux phrases n'est contraire à ce que nous avons lu chez Maritain. L'accent est néanmoins placé autrement.

Mounier a en fait vécu une vive tension : « Ont raison, disait-il, ceux qui disent que le christianisme doit retrouver les chemins de la terre et les soucis quotidiens des hommes, ont raison ceux qui pensent qu'il doit au contraire restaurer la Parole de Dieu dans sa hauteur sacrée. » Ces derniers ont raison, ajoutait-il, sauf de dire « au contraire ». « Il ne s'agit plus en effet, poursuit-il, pour rejoindre les hommes, de déduire des encycliques une "doctrine sociale chrétienne" qui s'essouffle, péniblement pour son prestige, à cinquante ans en arrière du développement des idées et des faits. Quand le Christ a dit : "Mon royaume n'est pas de ce monde", il ne nous a pas dit que *nous* ne soyons pas de ce monde, mais que son message n'est pas directement destiné à l'heureux aménagement du monde. À cet aménagement nous devons travailler en prise directe avec les difficultés de l'heure, et ne pas avilir la transcendance chrétienne dans des aménagements boiteux, ridicules devant le monde, et ridicules devant Dieu. Depuis plus d'un siècle, les condensations de compromis philosophiques ou sociales, théoriques ou pratiques, libérales ou intégristes s'accumulent entre la Parole de Dieu dans l'Église, et les hommes. Elles marquent autant d'efforts ingénus et parfois héroïques pour domestiquer un rapport, celui du christianisme au monde, qui doit rester une zone de combat et d'affrontement direct. Ne recommençons pas, avec le christianisme révolutionnaire, le communisme chrétien ou je ne sais quelle vieillerie nouvelle. De même que pour embellir nos églises il ne faudrait rien ajouter mais supprimer massivement les ors et les plâtres, de même pour percer cette muraille de malentendu qui étouffe désormais le message chrétien, il ne faut pas inventer quelque nouveauté magique, mais inventer le christianisme même, rendre à la Parole sa nudité pénétrante, avec tous les hommes, faire proprement notre travail d'hommes [1]. » Était visé, peut-on dire, l'« humanisme intégral », l'idée de « chrétienté profane ». Cependant, ce n'est pas que, pour Mounier, le spirituel ne serait pas charnel. Il y a, disait-il, face aux « marxistes chrétiens », abandonnant, eux, le « royaume des corps » au communisme, « un mouvement de laïcisation » qui est opportun, « mais ce mouvement ne nous rejette pas d'une Église visible sur une Église invisible. L'Église, réalité incarnée, ne peut être qu'âme et corps, ou elle n'est pas [2] ».

Il faut un corps : « Le Verbe s'est fait chair et, comme l'homme, c'est par la chair qu'il dépérit et meurt. L'esprit de l'Église ne s'est pas affadi : il occupe dans une plénitude parfaite l'espace incompressible de la charité. Mais la lettre est presque morte [...], l'Église y a perdu la clef de la langue des hommes [3]. » Il faut retrouver une lettre, il faut retrouver une langue humaine.

Mounier ne souscrit donc pas non plus au courant issu alors de K. Barth [4] « pour soutenir la radicale indifférence de la foi aux choses du monde » : « Cette manière de "laisser aller les phénomènes" est grecque, dit-il, elle n'est pas chrétienne. Elle est fortement encouragée par le caractère fort vague dans les esprits de l'opposition spirituel-temporel, fort vague et en même temps fort tranchante, trop tranchante. Le spirituel, pour le chrétien, c'est en toute rigueur la présence dans notre vie de la vie éternelle, en opposition à nos activités naturelles. » Cette vie éternelle « est elle-même charnelle » et ne s'offre à nous communément qu'à travers ces activités naturelles. « Nous n'avons pas à apporter le spirituel au temporel, il y est déjà, notre rôle est de l'y découvrir et de l'y faire vivre, proprement d'y communier. Le temporel tout entier est le sacrement du Royaume de Dieu [5]. »

---

1. *Feu la chrétienté*, p. 18.
2. *Ibid.*, p. 19.
3. *Ibid.*, p. 20.
4. Dont il est question ici dans l'appendice II.
5. *Feu la chrétienté*, p. 246.

Une distance malgré tout.

Le concept d'incarnation importe donc à Mounier et, pour lui, « religion de l'universelle imitation du Christ incarné, le christianisme commande à l'homme une présence active à tout le temporel [1] ». Cependant, Mounier est vraiment de ceux qui entre politique et foi elle-même entendent maintenir une distance. Après la guerre, au sujet de certains chrétiens qui avaient pris position pour ou contre le référendum constitutionnel de 1946 en France, il écrit l'année suivante : « Que les chrétiens se fassent un devoir de conscience de répondre non au référendum, nous n'avons aucun lieu de nous en étonner, précisément parce que de notre commune foi chrétienne la réponse à un référendum politique ne peut être en aucune façon déduite. Pour cette raison même, et quelle que soit la consigne donnée, c'est une intimidation spirituelle intolérable, dans un problème où les meilleurs esprits sont opposés, que de venir faire obligation aux chrétiens, au nom du christianisme, de voter ici ou là [2]. »

Il se reprend : « Nous ne contestons pas qu'un chrétien ne doive s'interroger sur l'incidence des structures politiques dans le statut spirituel d'une société », mais il ajoute aussitôt : « Nous ne demandons pas à notre tour que comme chrétien il vote oui plutôt que non. Nous disons que rien n'est plus ambigu, fragile et contestable que les déductions politiques tirées de principes chrétiens [3]. » D'où cette conclusion, un peu plus loin : « Qu'on laisse donc le christianisme à sa tâche, qu'on parle à visage découvert au nom des jugements que l'on porte, et que l'on ne fasse pas à Dieu de faux papiers pour l'engager dans l'arène électorale. »

Dans le rapport de la foi à l'univers politique et social, tout n'est donc pas incarnation, il y a aussi place pour l'assomption de valeurs d'autres origines que chrétienne. « À l'égard des propositions et des valeurs qui sont nées, en matière temporelle,

---

1. *Feu la chrétienté*, p. 247.
2. *Ibid.*, p. 23.
3. *Ibid.*

en dehors de son climat sociologique, le chrétien aura bien plus souvent aujourd'hui à assumer (en corrigeant, sans doute) qu'à incarner[1]. »

« Feu la chrétienté ».

Mounier concluait les pages de 1947 où sont contenues ces lignes par sa fameuse réflexion sur l'idée de chétienté. Une chrétienté, « la chrétienté occidentale, féodale et bourgeoise », est morte. D'où le titre de son livre *Feu la chrétienté*. Il n'en excluait pas une autre, disant même : « Une chrétienté nouvelle naîtra demain, ou après-demain, de nouvelles couches sociales et de nouvelles greffes extra-européennes[2]. » Il mettait seulement en garde : « Encore faut-il que nous ne l'étouffions pas avec le cadavre de l'autre[3]. »

Cela est en vérité encore proche du point de vue de Maritain. Deux ans plus tard cependant, dans un texte d'avril 1949, Mounier en vient à dire qu'il faut plutôt renoncer à *toute* idée de chrétienté. L'idée de chrétienté n'est pas normative pour les chrétiens. Elle n'a d'ailleurs pas occupé beaucoup de moments dans l'histoire. « Hors de quelques moments et peut-être de quelques lieux privilégiés, le *dualisme* de la cité chrétienne et de la civilisation profane est la condition la plus commune du christianisme dans le monde[4]. » Et de poursuivre aussitôt : « Est-il normal (ce dualisme) et conforme au statut de la vie de foi dans le monde ? Est-il un désordre qu'une cité chrétienne devrait résorber ? Le christianisme doit-il pénétrer dans les civilisations et les refondre intimement pour en faire des civilisations chrétiennes ? Est-il étranger au fait civilisateur, sans regard sur lui, sans contrecoup dans sa vie profonde ? Ces problèmes, les premiers chrétiens ne pouvaient pas ne pas se les

1. *Ibid.*, p. 25.
2. *Ibid.*
3. *Ibid.*
4. *Ibid.*, p. 236.

poser [...]. Mais ils se les posaient de façon inévitablement théorique, parce que le christianisme commençait alors sa course [1]. » Le dualisme était « normal à l'aurore de l'ère chrétienne ».

Le demeure-t-il ? se demande Mounier. « Sa persistance au bout de vingt siècles de christianisme, dit-il, nous pose un nouveau problème : représente-t-il l'obstination du mal, jusqu'à la fin des temps, ou n'indiquerait-il pas une structure d'un univers chrétien, que nous aurait fait trop méconnaître une impuissance à unifier le monde selon les premiers schémas de l'imagination ? »

Mounier réinterroge alors l'histoire. Celle de la pénétration du christianisme dans les mœurs, dans le droit, dans les institutions. Il parle de la question de la famille, de l'esclavage, de la guerre, de la propriété, et il conclut, à propos des six ou sept premiers siècles de l'histoire de l'Église : « Tout se passe comme si la morale chrétienne ne trouvait pas de prise sur le droit et les institutions. Moralistes et théologiens tonnent contre les pratiques qui lui sont contraires, mais ils s'adressent à la conduite de chaque chrétien, ils ne cherchent pas à créer des institutions chrétiennes [2]. » Même attitude en matière scolaire... « L'Église confie le chrétien à l'école païenne, même en plein IVe siècle, quand l'État s'est officiellement converti. Des païens y instruisent des chrétiens : des chrétiens des païens. Les chrétiens continuent à enseigner Homère, les nymphes et les déesses. Seule la ruine de la Cité antique et la nécessité de relayer la distribution de la culture, abandonnée par les mains profanes, amène l'Église, à partir du Ve siècle, à fonder ses propres écoles [3]. »

Cette situation fondamentale, « ce peu de disposition à construire une civilisation chrétienne », a beaucoup duré, explique Mounier. « Ce n'est qu'à partir du VIIe siècle que l'Église va s'incruster directement dans les strutures temporelles, au point d'y défaillir avant la réforme grégorienne – les

1. *Feu la chrétienté, ibid.*
2. *Ibid.*, p. 239.
3. *Ibid.*

liens se nouant de fait et de façon de plus en plus étroite entre l'Église et le gouvernement du monde profane, par l'héritage inattendu et non désiré de l'Empire. Des théologiens feront ensuite la théorie de cette situation nouvelle. On la connaît. C'est ce que Maritain a appelé l'utopie théocratique [1]. »

Il est vrai que Mounier ne manque pas d'ajouter à propos de cette dernière : « Contrairement à ce que beaucoup pensent, elle n'a pas été la doctrine et la pratique officielles du Moyen Âge, mais seulement une théorie de clercs. Tentation dominante de la chétienté médiévale, elle se heurte toujours à la distinction, maintenue par l'Église, des deux pouvoirs et des deux sociétés [2]. » À considérer une longue période de l'histoire de l'Église, « le fait le plus troublant, dit Mounier, c'est l'absence d'intention, je veux dire de l'intention de réaliser une civilisation à estampille chrétienne, voulue et cherchée comme civilisation originale, au lieu de viser un royaume étranger à ce monde, bien que commençant dès ce monde et utilisant les matériaux de ce monde [3] ».

Influence indirecte.

Précisant son propos, Mounier reconnaît que « l'influence spontanée de la vie de foi, individuelle et collective, sur le développement de la civilisation ambiante [...] a été massive ». Mais, dit-il, « regardons les voies : elles ne sont jamais directes [4] ».

« D'abord et en première attitude, ajoute-t-il entrant dans sa démonstration, la foi est aussi peu dérangeante que possible à l'égard des institutions humaines comme telles, à moins qu'elles n'aillent contre la justice de Dieu [5]. » Mounier parle à ce propos de l'exemple du Christ et des apôtres.

1. *Ibid.*, p. 240.
2. *Ibid.*, p. 240-241.
3. *Ibid.*, p. 243.
4. *Ibid.*, p. 248.
5. *Ibid.*

Il en vient à Augustin : « Quand il décrit les deux cités, Augustin, note-t-il, prend toutes les précautions pour ne pas faire de la cité de Dieu une cité imaginaire et séparée, et il souligne son incorporation dans la cité terrestre [1]. » Augustin écrit en effet : « Pourvu qu'elle n'y trouve rien de contraire aux divins préceptes, cette Cité céleste est absolument indifférente aux habitudes et aux manières de vivre d'après lesquelles chacun s'attache à cette foi qui conduit à Dieu [2]. » Ceci n'est pas tout Augustin, c'est néanmoins bien aussi dans Augustin, et Mounier n'a pas tort de souligner cet aspect.

L'indifférence en question n'est pas « d'abstention », dit-il d'ailleurs, mais « de relation ». Un peu plus loin, il ajoute : « Remarquons que les Pères ne disaient pas : Fuyez les affaires du monde, elles sont insignifiantes ; mais au contraire : Parce qu'elles sont insignifiantes, ne vous en retirez pas, prenez-les comme elles vont [3]. » Les Pères, selon Mounier, ajoutaient : « En plus de ce qu'y font les autres [dans ces affaires], pénétrez-les d'esprit chrétien ». « Le chrétien était ainsi noué au monde dans un corps à corps d'autant plus serré qu'il devait y chercher difficilement les voies secrètes qui consentaient à son inspiration [4]. »

C'est, en tout cas, par des « chemins détournés » que le christianisme s'introduisait dans le monde. « Comme le Christ dans le Cénacle, l'idée chrétienne s'est insinuée, impalpable, dans ce bloc intact, sans briser les entrées, et d'abord on la perd de vue [5]. » Et Mounier d'évoquer des « préparations négatives », progressives. « Quand, dit-il ensuite, au lieu de cette sorte de préparation négative, l'esprit chrétien influence directement un processus de civilisation, il y a toujours, entre son départ et des produits, comme un cheminement de biais, il semble toujours

1. *Feu la chrétienté*, p. 249.
2. *Cité de Dieu*, L. XIX, chap. XIX.
3. *Feu la chrétienté*, p. 250.
4. *Ibid.*
5. *Ibid.*

qu'il produise ses effets temporels comme par surcroît, presque parfois par distraction [1]. »

« Par distraction », qu'est-ce à dire ? Une autre explication, un peu plus loin, le fait comprendre : « Les théoriciens de la chrétienté césaropapiste ont cru que la foi leur commandait d'organiser le monde en Dieu. Le problème est de savoir s'il n'est pas au moins aussi important, et plus conforme à l'enseignement évangélique, de désorganiser le monde en Dieu, je veux dire de le rendre transparent à Dieu quand les inévitables lourdeurs de son aménagement viennent sans cesse faire écran à Dieu [2]. » Le mode d'agir indirect est en définitive inhérent au christianisme : « Ces détours, ruses, ambivalences, négations, paradoxes qui figurent l'influence des idées chrétiennes au plan des civilisations sont les signes auxquels le philosophe reconnaît une réalité qui cherche à s'exprimer sur le plan d'une autre réalité qu'elle transcende [3]. » En raison de cette transcendance, « l'Église n'est pas chargée de l'ordre dans la cité, ni de la bonne répartition des biens, ni du plus grand bonheur du plus grand nombre, elle est une communauté de vie dans le Christ [4]. » Assurément, cette mission « qui n'est pas de ce monde », « elle l'accomplit dans le monde », et « il n'y a pas à proprement parler deux histoires étrangères l'une à l'autre, l'histoire sacrée et l'histoire profane, il n'y a qu'une seule histoire, celle de l'humanité en marche vers le royaume de Dieu [5] ». Au total, cependant, s'il faut récuser « la séparation de ces deux mondes », il faut bien marquer « leur distinction ». « La totalité de l'histoire en chacun de ses moments ne revêt sa signification pour le chrétien que dans un surnaturalisme historique, qui classe tout événement en regard du salut collectif et de l'achèvement du Règne [6]. »

1. *Ibid.*, p. 252.
2. *Ibid.*, p. 254.
3. *Ibid.*, p. 259.
4. *Ibid.*
5. *Ibid.*, p. 260.
6. *Ibid.*

Il est, dit encore Mounier, impossible à un chrétien – « comme s'il partageait des occupations » – de s'en remettre à l'Église ou à la vie de foi du domaine surnaturel, et « à telle doctrine, à telle action » de l'organisation de la terre. La terre ne peut s'organiser hors de la foi comme la foi ne peut pas se développer sans les forces de la terre. « Cependant la vie de l'Église et, en nous, greffée sur elle, la vie de la foi sont transcendantes à leurs effets ou expressions historiques [1]. »

Ne pas séparer mais vraiment distinguer.

Séparer, ce fut l'erreur des chrétiens d'Action française. Mais il faut vraiment distinguer : « Déjà notre jeunesse, devant des confusions renaissantes, a vivement réagi, dit Mounier, dans les années 1930. Nous avons pris conscience qu'il est tout un aspect des problèmes pratiques qu'il faut aborder par une analyse économique ou politique rigoureuse, en barrant l'accès aux approximations morales et idéalistes intermédiaires, ces faux ministres du spirituel [...]. Il faut rendre un squelette à la connaissance et à la pratique du monde fortement structuré où nous vivons [2]. »

À Mounier, en dépit du cas de jeunes catholiques plus ou moins marxistes portés à une totale « séparation », la confusion paraissait encore le plus grand danger de l'heure : « Le monde chrétien dans sa masse, disait-il, est aujourd'hui, en France, plus entravé par la confusion des ordres que porté à distinguer de trop [3]. » C'est en raison de cette obligation de distinguer qu'il dira : « Le fidèle doit prendre conscience qu'il est un citoyen de la terre, et s'il imite pleinement le Christ, qu'il doit, comme lui, pleinement assumer les devoirs et les charges de cette citoyenneté [4]. » « Ce souci de franc-jeu avec les choses de la

1. *Feu la chrétienté*, p. 261.
2. *Ibid.*, p. 263.
3. *Ibid.*, p. 264.
4. *Ibid.*, p. 266.

terre, ajoute certes Mounier, ne doit pas lui faire oublier qu'il ne peut, comme chrétien, enclore dans une sorte de suffisance sa citoyenneté terrestre ». Et « il ne suffit pas, pour vivre organiquement en chrétien, de reconnaître que le surnaturel a sa place dans notre vie et dans l'histoire, il faut reconnaître qu'il est partout, bien qu'il ne soit pas tout [1]. » Mais Mounier tient beaucoup à marquer la nécessité de « ne pas tricher avec les exigences de la terre [2] ».

Avec toutes ces affirmations, il a sans aucun doute joué un rôle considérable pour faire prendre à des groupes de laïcs engagés, à l'Action catholique elle-même, leur autonomie. Surtout dans l'après-guerre. Non certes sans provoquer chez des gens qui iront plus loin que lui, de nouveaux séparatismes, aussi fatals que l'avait été naguère celui des catholiques maurrassiens. N'y a-t-il pas, soit dit en passant, un balancement inéluctable et instable entre ces deux positions, aussi longtemps qu'on ne s'est pas établi dans une intégration *existentielle* de la vie politique et de la démarche religieuse – ce qui n'était guère l'optique ni d'un Maritain ni d'un Mounier [3] ?

Qui distingue plus, de Maritain ou de Mounier ?

À propos de Maritain et de Mounier, J. Petit a écrit [4] : « Toujours la vieille querelle des mystiques et du politique. Emmanuel Mounier, on l'a vu, était sensible aux distinctions nécessaires, moins que J. Maritain toutefois ». Ces mots précèdent une allusion à l'affaire de la Troisième Force, aux débuts d'*Esprit*. Ce « mouvement » dirigé par G. Izard, la

1. *Ibid.*
2. *Ibid.*, p. 267.
3. Intégration existentielle où « l'existence politique » est perçue comme « ouvrant sur l'existence religieuse », au delà de toute « moralisation des actes commandés par le bien commun », comme je l'explique dans *La politique et Dieu*, Éd. du Cerf, 1985.
4. Dans *Maritain et Mounier*, 1929-1939, Correspondance présentée par J. Petit, DDB, 1973, p. 53.

Troisième Force (entre le communisme et le capitalisme) devait disposer d'une « chronique » régulière dans *Esprit*, ouverte aux non-catholiques. Mounier ne voulait pas faire preuve d'intransigeance. Cela déplaisait à Maritain. On peut, je pense, plutôt conclure que Mounier distingue davantage que Maritain, même sépare presque parfois, politique et mystique ou inspiration religieuse. C'est parce qu'il les veut assez unies que Maritain ne peut accepter le rapprochement que Mounier au contraire accepte. Maritain écrit à Mounier le 27 octobre 1932 [1] : « Vous n'êtes pas une revue neutre. Et vous êtes perdu si vous laissez, sous un prétexte ou un autre, le moindre germe de neutralité ou d'interconfessionnalisme s'insérer en vous. Votre seule force véritable, nous l'avons dit mille fois, c'est la Foi et l'Évangile. »

Mounier écrit de son côté, le 11 novembre 1932 : « Nous interviendrons, nous catholiques, avec tout ce que nous sommes, chaque fois qu'il le faudra ». Limitativement tout de même, à savoir seulement « quand sur une solution temporelle il y aura une solution traditionnelle catholique » [et de même « protestante » ou « non confessionnelle »].

Maritain avait dit, lui, la veille : « À mon avis, il importe beaucoup qu'on sache explicitement que vous placez le christianisme avant la Révolution, et que ce que vous proposez c'est de préparer les conditions d'une révolution chrétienne et non pas – ce qui serait tout le contraire – un accord sur une révolution univoque prise pour une fin en soi, ce qui n'aurait comme effet que de décomposer la conscience chrétienne. » La suite de la phrase disant : « … en la rendant complaisante à la révolution destructive et athée [2] » !

Mounier écrira, en conséquence semble-t-il, dans son « Programme pour 1933 » : « La révolution n'est pas pour nous la valeur première, même dans l'ordre culturel. » Un peu après, cependant, il ajoutera [3] : « Ne comprennent-ils pas que nous

1. *Maritain et Mounier*, p. 56.

2. *Ibid.*, p. 66.

3. Entretiens VII, 16 mai 1933, dans *Mounier et sa génération*, Œuvres, p. IV.

parlons constamment devant l'aréopage, et d'un Dieu inconnu ? Nous travaillons dans le temporel, oui, sous un ciel surnaturel, mais pourvu que cette lumière soit agissante dans notre quête et dans notre dispensation, qu'est-il beoin de trompettes inopportunes ? »

En mai 1934 paraît « Pour le bien commun, les responsabilités du chrétien et le moment présent », signé de J. Maritain comme de E. Mounier (avec 50 écrivains catholiques). On y détermine « un certain nombre de positions temporelles qu'exige une attitude authentiquement chrétienne ». « Y a-t-il une politique chrétienne ? », se demande cependant Mounier commentant dans *Esprit*, en juin, cette déclaration. Cette réaction, comme tant d'autres, est significative de l'écart qui le sépare progressivement de plus en plus de Maritain, et de sa conviction de l'existence d'une plus grande distance que ne le pensait Maritain entre foi chrétienne et politique.

Les idées sociales de Mounier.

Au-delà de cette prise de position nouvelle dans le grand débat de principe et de fond ouvert depuis l'Action française, il est intéressant de relever aussi les idées majeures de Mounier dans le domaine socio-économique et politique comme tel. Pour en prendre une connaissance d'ensemble on peut se reporter à quelques pages de son petit livre de 1949 *Le Personnalisme*, où se trouvent ces formules caractéristiques :

– « abolition de la condition prolétarienne » ;

– « substitution à l'économie anarchique, fondée sur le profit, d'une économie organisée sur les perspectives totales de la personne » ;

– « socialisation sans étatisation des secteurs de la production qui entretiennent l'aliénation économique » ;

– « primat du travail sur le capital » ;

– « abolition des classes formées par la division du travail ou de la fortune » ;

– « primat de la responsabilité personnelle sur l'appareil anonyme [1] ».

Socialisme, peut-on dire. Mais il doit s'agir d'un socialisme « rénové », « à la fois rigoureux et démocratique ». Je reviendrai tout à l'heure sur le terme « démocratique ».

L'évolution vers ce socialisme – à partir du puissant capitalisme – ne s'effectuera probablement pas « sans résistances et sans crises », estime en outre Mounier. Il a peu d'espoir dans les procédures et ressources du système parlementaire, auquel croit au contraire la social-démocratie. Il écrit aussi : « Un travaillisme “sans travailleurs”, qui jaillirait de la seule bonne volonté conciliatrice de la fraction aliénée des classes moyennes, a montré son impuissance à travers les Résistances européennes. » Le socialisme sera « l'œuvre des travailleurs eux-mêmes, des mouvements ouvriers et paysans organisés, joints aux fractions lucides de la bourgeoisie ». Par-delà les seules voies parlementaires ordinaires, suppose cette perspective.

Jean-Claude Eslin commente ainsi récemment, fort justement je crois, cette attitude de Mounier : « Chacun voit la part d'illusion qu'il y a à vouloir répondre par une “révolution” (non par une réforme), refaire une civilisation. Mais aux sceptiques et à notre propre scepticisme, il faut répondre : sans l'illusion de croire que la crise de civilisation est guérissable, Mounier ne se serait pas mis en mouvement. Sans illusion, rien ne se met en route, rien ne se passe. Nous nous résignons. Le mot illusion présuppose ici un chemin, un parcours, et que l'on avance. Et voici la première force de Mounier : il progresse par illusions surmontées [2]. »

1. E. Mounier, *Le Personnalisme*, Coll. « Que sais-je ? », Paris, PUF, 1949.

2. Jean-Claude Eslin, « Puissance d'Emmanuel Mounier », *Études*, déc. 2000, p. 614.

Démocratie.

Concernant la communauté politique, Mounier écrit : « Le problème crucial pour le personnalisme est celui de la légitimité du pouvoir exercé par l'homme sur l'homme qui semble contradictoire avec le rapport interpersonnel. » « Anarchisme comme libéralisme oublient que, les personnes plongeant dans la nature, on ne peut contraindre les choses sans contraindre les hommes. » « Cependant, ajoute Mounier, si cette contrainte rend le pouvoir inévitable, elle ne le fonde pas. Il ne peut être fondé que sur le destin final de la personne, il doit la respecter et la promouvoir. » Mounier fonde donc toute politique sur le personnalisme : « Si la personne peut être subordonnée, il lui convient de ne l'être qu'en gardant sa souveraineté de sujet, réduite au maximum l'inévitable aliénation que lui impose la condition de gouverné. » « C'est, dit-il, le problème de la démocratie. »

D'une certaine manière, cela signifie : c'est la démocratie. Mais ce n'est pas forcément la démocratie au sens courant du terme : au sens de la « forme de gouvernement » qu'on envisage sous ce nom. La démocratie oscille en fait, selon Mounier, entre une « forme de gouvernement » – sous-entendu un régime organisé mais qui n'est pas automatiquement satisfaisant –, et un « régime de spontanéité des masses », mieux la spontanéité même des masses, guère satisfaisants non plus. « La souveraineté populaire, dit-il aussi, ne peut se fonder sur l'autorité du nombre : le nombre (ou la majorité) est arbitraire comme le bon plaisir d'un seul. » La vraie souveraineté populaire « est la souveraineté du droit : le droit, médiateur entre les libertés et l'organisation, poursuit en chassé-croisé la mise en œuvre collective des libertés et la personnalisation continue des pouvoirs ». Mounier discute en particulier, dans ce contexte, le problème de la représentation, nécessaire, mais toujours inadéquate. Il est au fond peu confiant dans les forces politiques. « La critique marxiste de la démocratie formelle est, dit-il, dans son ensemble décisive. Les droits que donne aux citoyens l'État libéral sont pour un grand nombre d'entre eux aliénés dans leur existence économique et sociale. L'État parlementaire n'est guère plus qu'une survivance. »

Dans le *Manifeste au service du personnalisme*, en 1936, il a dit aussi : « En identifiant la démocratie avec le gouvernement majoritaire, on la confond avec la suprématie du nombre, donc de la force. Il n'est guère que l'Angletere pour avoir neutralisé ce retour dictatorial des démocraties, en concevant le gouvernement de la majorité comme un service gracieux rendu à l'ensemble de la nation. Dans nos démocraties centralisées, il tend et bientôt aboutit à une domination absolue de la minorité par la majorité. L'indolence des mœurs démocratiques en a souvent limité l'excès, mais entre lui et le despotisme qu'il a longtemps détesté, il n'y pas de barrière, une porte reste ouverte que le premier aventurier pourra franchir [1]. » « Il n'y a pour nous, ajoute-t-il, qu'une définition valable de la démocratie : elle est, sur le plan politique, l'exigence d'une personnalisation indéfinie de l'humanité. Les démocrates ont eu le plus souvent un juste sentiment de cette âme de la démocratie, mais ils se sont embrouillés en l'explicitant, jusqu'à le défendre par des thèses qui lui deviennent fatales [2]. » « La démocratie personnaliste est un régime pour petites nations, dit aussi Mounier. Les grandes nations ne peuvent la réaliser qu'en dissociant le pouvoir afin d'arrêter les pouvoirs les uns par les autres [3]. »

Mounier ne se ralliait clairement pas facilement – il ne se ralliait même pas du tout – à la démocratie au sens courant du terme. On le voit dans la controverse qui l'opposa à Archambault (ainsi qu'à l'Italien don Sturzo) en 1934, avec en particulier sa « Lettre sur démocratie » dans les colonnes d'*Esprit*, répondant à une « Lettre ouverte à Emmanuel Mounier », dans le journal *L'Aube* du 21 janvier de cette année : « Il s'agit aujourd'hui, dit-il, d'organiser la communauté pour y sauver la liberté [...]. Appelons démocratie, avec tous les qualificatifs et

---

1. Dans *Écrits sur le personnalisme*, Éd. du Seuil, coll. « Points », Paris, 2000 (1re éd., 1961), p. 180-181.

2. *Ibid.*, p. 183.

3. *Ibid.*, p. 185.

superlatifs qu'il faudra pour ne pas le confondre avec ses minuscules contrefaçons, le régime qui repose sur la responsabilité et l'organisation fonctionnelle de toutes les personnes constituant la communauté sociale. Alors, oui, sans ambages, nous sommes du côté de la démocratie. » Mais, aussitôt, Mounier poursuit : « Ajoutons que, déviée dès son origine par ses premiers idéologues, puis étranglée au berceau par le monde de l'argent, cette démocratie-là n'a jamais été réalisée dans les faits, qu'elle l'est à peine dans les esprits [1]. » « On ne dénoncera pas assez le mensonge démocratique en régime capitaliste. La liberté capitaliste a livré la démocratie libérale, en utilisant ses formules mêmes et les armes qu'elle lui donnait, à l'oligarchie des riches (oligarchie de puissance et de classe) ; puis, au dernier stade, à un étatisme contrôlé par la grande banque et la grande industrie, qui se sont emparées non seulement des commandes occultes de l'organisme politique, mais de la presse, de l'opinion, de la culture, parfois des représentants mêmes du spirituel pour dicter les volontés d'une classe et modeler jusqu'aux aspirations des masses à l'image des leurs, tout en leur refusant les moyens de les réaliser. La démocratie capitaliste est une démocratie qui donne à l'homme des libertés dont le capitalisme lui retire l'usage [2]. » « Masses de gens "libres", indifférenciés, lassés [3]. »

Il y a bien de l'illusion, d'une autre manière, dans les approches courantes : « Une fausse conception de la démocratie a forcé un étrécissement des préoccupations. Elle a non seulement fait une religion de la chose publique, et ainsi préparé dans les cœurs la souveraineté de l'État totalitaire, elle a encouragé une religion dont chacun voulait être prêtre et dirigeant en même temps que fidèle. Or, la démocratie n'est pas, et doit cesser d'être un régime où tout le monde prétend aux compétences de gouvernement. Elle est un régime où tout le

---

1. « Révolution personnaliste et communautaire », dans *Refaire la Renaissance*, Éd. du Seuil, coll. « Points », 2000, p. 216-217.

2. *Ibid.*, p. 220.

3. *Ibid.*, p. 221.

monde doit se former aux compétences de gouverné, qui comportent la prise de position sur les grandes directions idéologiques du régime, la défense contre la lourdeur des pouvoirs et la collaboration aux organismes communautaires. Un petit nombre d'hommes ont vocation de gouvernement, de l'échelle communale à l'échelle nationale, comme d'autres ont vocation de mécanicien et d'instituteur. Les autres, qu'ils nomment des représentants et les contrôles, et qu'ils prennent le temps, pour le reste, qui est leur part royale, d'être des hommes. Que le citoyen rentre dans ses limites [1]. »

C'est dans une autre direction que Mounier cherche, à l'évidence. Dans le *Manifeste au service du personnalisme* on lit : « Il faut reconstituer la vie politique sur des organismes qui expriment sans l'avilir la personne intégrale [...]. L'État n'est pas une communauté spirituelle, une personne collective au sens propre du mot. Il n'est au-dessus ni de la patrie, ni de la nation, ni à plus forte raison des personnes. Il est un instrument au service des sociétés, et à travers elles, contre elles s'il le faut, au service des personnes [2]. » « Histoire des États, martyrologe du peuple », dit une section d'*Anarchie et Personnalisme*, un écrit de 1937 [3]. L'espoir, les « germes » sont dans « des communautés organiques, formées autour d'une institution personnaliste embryonnaire, ou d'un acte quelconque d'inspiration personnaliste, ou simplement de l'étude et de la diffusion des positions personnalistes. Ainsi quelques hommes s'unissent pour fonder une entreprise affranchie des lois capitalistes, pour créer une société de crédit personnel, pour prendre conscience des exigences de leurs positions dans leur activité professionnelle, pour organiser une maison de culture [4]. »

1. *Écrits sur le personnalisme*, p. 276-277.
2. *Ibid.*, p. 174.
3. *Ibid.*, p. 251.
4. *Ibid.*, p. 208.

Communauté.

Le propos déborde le seul domaine du politique, mais concerne le politique aussi, où s'impose certainement pour Mounier un idéal communautaire, premier par rapport à l'idéal démocratique. Ou bien, l'idéal démocratique est réinterprété dans le sens du communautaire.

C'est, en général, contre la « dislocation de la communauté », du fait d'un individualisme entré en décadence, que se dressent le personnalisme et *Le Manifeste au service du personnalisme* : « En dissociant intérieurement l'homme de ses attaches spirituelles et de ses nourritures matérielles, l'individualisme libéral a disloqué par contrecoup les communautés naturelles [1]. » Mais ce n'est assurément pas n'importe quelle communauté, malgré l'emploi des termes « communautés organiques », « communautés naturelles », que veut promouvoir Mounier. Les fascismes appartiennent à la réaction communautaire mais vivent du primat de l'irrationnel et de la puissance [2], et, semblablement, « le marxisme a méconnu la réalité intime de l'homme, celle de la vie personnelle [3] ». Tout communautarisme dans l'esprit de Mounier est infiniment personnaliste, peut-on dire, exigeant donc, à la différence d'autres communautarismes nés d'un simple dépit de l'individualisme extrême.

« La Personne pour laquelle nous revendiquons est, dit-il, autre chose qu'un Individu mieux informé [4]. » Puis : « Une personne est un être spirituel constitué comme tel par une manière de subsistance et d'indépendance dans son être ; elle entretient cette subsistance par son adhésion à une hiérarchie de valeurs librement adoptées, assimilées et vécues par un engagement responsable et une constante conversion ; elle unifie ainsi toute son activité dans la liberté et développe par surcroît, à coups d'actes créateurs, la singularité de sa vocation. » D'autre

1. *Ibid.*, p. 35.
2. *Ibid.*, p. 39.
3. *Ibid.*, p. 62.
4. *Ibid.*, p. 63.

part, « la personne, chez l'homme, est substantiellement incarnée, mêlée à la chair tout en la transcendant, aussi intimement que le vin se mêle à l'eau ». « L'individualité est dispersion, la personne est intégration. » « L'individu incarné est la face irrationnelle de la personne, par où lui viennent ses nourritures obscures et toujours plus ou moins mêlées de néant [...]. En face, l'unification progressive de tous mes actes, et par eux de mes personnages ou de mes états, est l'acte propre de la personne, principe spirituel de vie [...] que nous appelons en chaque personne sa vocation [1]. » Bien autre chose que simple individu, réalité ponctuelle et immédiate, « la personne est la protestation du mystère [2] ». « Effort de transcendement personnel », « la qualité même de l'homme [3] ». Et voici en quelle direction la dimension de communauté apparaît à l'intérieur même peut-on dire de la dimension de personne : la personne est « accueil et don [4] ». « Nous trouvons donc, dit Mounier (dans ce langage paradoxal, non usuel), la communion insérée au cœur même de la personne, intégrante de son existence même [5]. »

La communauté à laquelle il tient n'est assurément pas le « collectif », qu'on loue tant alors. « Les masses [on en parle beaucoup aussi] sont, ajoute-t-il, des déchets, elles ne sont pas des commencements [6]. » Il est également question de « sociétés vitales » : « Toute société vitale, réplique Mounier, incline vers une société close, égoïste, si elle n'est pas animée de l'intérieur par une autre communauté spirituelle où elle se greffe [7]. » Il y a encore, non moins dangereuses, des « sociétés des esprits », unanimité entre les individus, « furie tyrannique ». Et il y a des « sociétés juridiques contractuelles », certaines du moins d'entre

1. *Écrits sur le personnalisme*, p. 67 à 72.
2. *Ibid.*, p. 76.
3. *Ibid.*
4. *Ibid.*, p. 80.
5. *Ibid.*
6. *Ibid.*, p. 82.
7. *Ibid.*, p. 84.

elles « ne regardent pas aux personnes… elles ne regardent même pas au contenu du contrat qui les lie [1] ».

On voit comment c'est au cœur d'un combat que Mounier s'accroche à une idée de communauté, qu'il ne veut pas voir confondre avec tant de contrefaçons. « Impossibilité, dit-il, de fonder la communauté en esquivant la personne, fût-ce sur de prétendues valeurs humaines, déshumanisées parce que dépersonnnalisées [2]. » « Méfaits [par voie de conséquence] de ces idéologies rigides et coupées de toute réalité qui usurpent la représentation du spirituel, et opposent à l'histoire, croyant servir la vérité, des discours moraux, des recettes à tout faire ou des schémas logiques [3]. »

On a fait grief à Mounier, à plus d'une reprise, de ces points de vue, comme d'une mollesse à défendre la démocratie, d'une ouverture, pendant quelque temps, aux tendances de la « Révolution nationale » en France, et d'une trop grande bienveillance, entre 1946 et 1949, à l'endroit du communisme. Il faut bien noter que dans l'héritage dual du catholicisme jusqu'aux années 30, Mounier n'est pas tellement du côté de la tradition libérale – que représentent plutôt alors M. Blondel et P. Archambault –, il est plutôt du côté de l'« intransigeantisme », fortement social, moins démocratique au contraire [4]. Quant à la démocratie, « il faut voir d'où part Mounier : la critique de la démocratie des années trente qui n'a ni élan, ni ressort, ni force, ni lucidité sociale. Mounier veut dépasser cette démocratie [5] ».

L'économie, la propriété.

Mais il y avait aussi très réellement chez lui une forte aspiration communautaire, et l'idée, de temps en temps, d'une

1. *Ibid.*, p. 84.
2. *Ibid.*, p. 85.
3. *Ibid.*, p. 93.
4. Jean-Claude ESLIN, *Études*, art. cit., p. 614.
5. *Ibid.*, p. 615.

« base organique », de quelque chose de plus enraciné que le contrat : ce n'est que par là que pouvait, pensait-il, être restaurée l'autorité passablement ruinée de l'État. Une démocratie à base « organique », ce devait être, en particulier, une « démocratie *économique* effective, adaptée aux structures modernes de production ». À l'opposé d'une démocratie simplement « formelle », celle que Marx avait, justement au moyen de cet adjectif, critiquée. À quelle économie précisément pensait Mounier ? Nous avons déjà vu sa protestation contre le capitalisme individualiste, tout à l'opposé d'une « *économie* pour la personne [1] ». Dans le capitalisme, il n'est rien de personnaliste ni de communautaire. Tout aboutit « au profit de l'argent anonyme et irresponsable [...] Une économie personnaliste règle au contraire le profit sur le service rendu dans la production, la production sur la consommation, et la consommation sur une éthique des besoins humains replacée dans la perspective totale de la personne [2]. » Mounier estime qu'il existe un « nécessaire strict vital » qu'un service public doit satisfaire [3]. Et qu'il faut une organisation où le capital ne soit qu'un « matériau économique [4] ». Le capital extérieur à l'entreprise ne doit avoir droit qu'à un intérêt fixe. « Nous dénonçons, dit-il, un régime où le salaire du travail est une concession du capital au travail. » Et il poursuit, aussi clairement : « Le capital n'est pas seulement dénué de tout droit de prélever avant le travail sa part de profit, il n'a aucune autorité pour définir et distribuer la rémunération du travail. Il est inévitable que les travailleurs en aient conscience, soient humiliés par cette aumône descendue d'un pouvoir arbitraire et purement matériel, et ne prennent aucun intérêt à des entreprises conduites par des mains étrangères à celles qui les font mouvoir [5]. »

1. *Écrits sur le personnalisme*, p. 131.
2. *Ibid.*, p. 145-146.
3. *Ibid.*, p. 147.
4. *Ibid.*, p. 151.
5. *Ibid.*, p. 154.

En tout, un humanisme.

À l'arrière de ces propositions d'organisation économique il y avait des vues anthropologiques très réfléchies – je reviens ainsi à son personnalisme fondamental, une vraie philosophie, et c'était chose rare à l'époque. Je relève d'abord cette réflexion concernant la personne même, c'est à la base de tout pour notre auteur : « Ma personne est en moi la présence et l'unité d'une vocation intemporelle, qui m'appelle à me dépasser indéfiniment moi-même ; et opère, à travers la matière qui la réfracte une unification toujours imparfaite, toujours recommencée, des éléments qui s'agitent en moi. La mission première de tout homme est de découvrir progressivement ce chiffre unique qui marque sa place et ses devoirs dans la communion universelle, et de se consacrer, contre la dispersion de la matière, à ce rassemblement de soi. Ma personne est incarnée [...] Enfin, ma personne ne se trouve qu'en se donnant à la comunauté supérieure qui appelle et intègre les personnes singulières [1]. »

Le *travail*, dans ce contexte, est très profondément analysé : « Il faut distinguer le travail de l'activité en général, et spécifiquement de la création qui est la forme d'activité la plus proprement spirituelle. L'activité est l'accomplissement de l'homme et le tissu continu de sa vie (y compris sa vie dite intérieure et contemplative). Libre et mesurée, elle est agréable de soi. Le travail est un exercice particulier de l'activité, naturel mais pénible, appliqué à l'élaboration d'une œuvre utile, matérielle ou immatérielle. Le travail n'est donc pas, en droit, toute la vie, ni l'essentiel de la vie de l'homme. Il y a au-dessus de lui la vie de l'âme, la vie de l'intelligence et la vie de l'amour. Le régime capitaliste d'abrutissement à la peine, le régime fordiste et stalinien qui détourne dans une mystique du travail tous les enthousiasmes de l'homme sont deux formes d'une hérésie : l'hérésie travailliste [2]. »

Pour revenir enfin à l'organisation de l'économie dont nous

1. *Refaire la renaissance*, 1961, rééd. Seuil-Points 2000, p. 85.
2. *Ibid.*, p. 198.

parlions tout à l'heure, il convient de retenir, de même, cette réflexion fondamentale sur la *propriété* et sur la « possession », dans une fameuse « Note sur la propriété » en particulier : « Le problème de la propriété, y dit-il, avant d'être un problème de biens à répartir, est le problème d'une situation humaine, moins un problème des propriétés qu'un problème du propriétaire. » Et « demandons-nous, poursuit Mounier, d'abord, ce qu'est la *possession*, en d'autres termes : pourquoi est-ce qu'on possède ? 1. L'avoir est un substitut dégradé de l'être. On a ce qu'on ne peut être, mais on ne l'a d'une possession humaine que dans la mesure où on tâche à être avec lui, c'est-à-dire à l'aimer. Le mal bourgeois est de vouloir avoir pour éviter d'être. 2. Ainsi tendue entre une facilité et un absolu, la possession humaine est au croisement de plusieurs couples d'antinomies. Possession personnelle appelant la réponse d'une personne, elle s'expose de tous côtés à des objets, à des individus, à des masses, anonymes par nature ou par relâchement. Elle aspire à l'infini ; cependant toute possession particulière, en même temps qu'elle l'actualise, la déçoit. Elle est le désir de l'Autre, et en même temps exigence de ne point s'y perdre totalement. Au lieu d'intégrer ces antinomies, le monde moderne en a exproprié le vivant conflit spirituel : il aliène de l'objet toute ordination, toute présence, toute résistance, en face d'un appétit bourgeois pareillement désordonné [1] ». Que d'aspects, en effet souvent absents de la réflexion sur l'organisation de l'économie, pourtant vraiment fondamentaux. Rien d'étonnant à ce que Mounier ait été amené à constater, dans l'organisation économique de son époque, une « dégradation de la *possession* humaine [2] ».

Mounier a pu, dans la foulée de toute cette critique de l'organisation politique et économique, donner quelques gages, au temps de Vichy, à des vues communautaristes. Elles le trahissaient en vérité – elles en vinrent en tout cas à bientôt le trahir. Il n'en faut pas moins conclure que sa réflexion avait un souffle, une profondeur, un équilibre fondamental que peu d'autres

1. *Refaire la renaissance*, p. 206-207.
2. *Ibid.*, p. 207.

pensées sociales chrétiennes ont alors révélés. Au plan pratique, relevons encore cette affirmation d'ensemble : « Dans une organisation personnaliste, il y a de la responsabilité partout, de la création partout, de la collaboration partout [1]. » Mounier n'a rien tout à fait synthétisé, il a formidablement stimulé, et sa pensée demeure capable de stimuler encore.

1. *Manifeste au service du personnalisme*, p. 158.

IV

GASTON FESSARD
(1897-1978)

Le Père Gaston Fessard, jésuite, est mort bien après Mounier, et a été présent à bien plus de débats que Mounier dans l'après-guerre, jusqu'à toute une critique de l'attitude des évêques de France qui lui parut complaisante à l'égard du communisme. Il appartient pourtant, lui aussi, essentiellement à l'avant-guerre pour la formation de sa pensée et ses recherches fondamentales : c'est pourquoi nous l'étudions ici. Son originalité est d'avoir introduit l'idée de dialectique, plutôt d'ailleurs la dialectique elle-même, dans une pensée qui se développait habituellement plutôt sous un mode principiel et déductif. Le personnalisme communautaire contenait un germe de dialectique, puisque c'est par la *re*lation qu'on voyait s'édifier la personne, mais cela n'avait pas été développé systématiquement, par un Mounier par exemple. La dimension dialectique est bien autrement présente à la pensée de Fessard. Même, on change de genre par rapport à des pensées plutôt déductives, fixistes, comme au temps de l'Action française et d'une certaine scolastique thomiste qui y conduisait, nous l'avons vu, assez aisément. On s'éloigne, d'autre part, de la querelle sur le rapport de la foi et de la politique, ouverte par l'Action française ; Fessard n'est pas moins amené à prendre lui aussi position, nous le verrons, sur une « cité chrétienne ».

Dialectique.

On voit d'abord Fessard, dans *Pax nostra* (1936) par exemple, se méfier de toute position figée. Il faut garder un œil ouvert pour le contraire de toute position, voire son opposé. Et une synthèse est à trouver à un niveau où l'une et l'autre positions se meuvent l'une dans l'autre ou l'une vers l'autre. C'est l'une des premières acceptions de la dialectique chez lui.

Prenons ensuite l'exemple de la « personne » : à son sujet ce n'est plus seulement une opinion qui doit passer dans une autre ou est susceptible, par obstination, de se trahir elle-même, c'est la réalité qui se transmue en autre réalité. La personne, explique Fessard, est d'abord l'être personnel, qui ne ressemble à aucun autre, il est unique entre tous. Par là « on souligne les particularités individuelles qui permettent de jouer un rôle [1] ». Mais, d'autre part, s'il y a rôle précisément, « être personne c'est aussi être égal à tout autre, posséder la prérogative *commune* à tous, et par là on met l'accent sur l'élément essentiel qui constitue un sujet de *droit* [2] ». Le droit est fondamentalement relationnel.

Qu'est-ce qui dialectise ces deux pôles ? Ce sera, note Fessard, de « montrer que quelqu'un est "personnel" dans la mesure où, n'étant d'abord comme aucun, il sait sacrifier sa mauvaise personnalité, afin de devenir "impersonnel", c'est-à-dire à la portée de tous, fonction de tous, grâce à quoi il obtient sa vraie et bonne personnalité [3] » : il est alors sujet de droit, mais sans avoir perdu sa personnalité, qui s'est au contraire exprimée dans le don de soi, la mise à la portée de tous. Il y a passage *à autre*.

« Entre tous, disait Fessard, le Christ est le "quelqu'un" qui, semblable à "aucun", devient "tout en tous" [4]. » Ceci renvoie à la « dialectique du juif et du païen », très fondamentale chez lui.

1. *Pax nostra*, Paris, Grasset, 1936, p. 45.
2. *Ibid.*
3. *Ibid.*
4. *Ibid.*

Le juif est l'homme retranché derrière une loi, confiant dans *sa* justice : attaché à sa particularité, en vue de l'universalité bien sûr (peuple élu en vue du salut universel). Le païen, c'est tout homme, universel – dans l'ordre du mauvais universel certes, fait de la dispersion des individus ou des peuples –, qui supporte mal le juif prétendant imposer sa particularité. Il faut ici noter que l'opposition particularité-universalité, figurée dans les peuples, se retrouve de même en chacun de nous. « Nationalisme et prosélytisme, dit Fessard : deux traits spécifiques du juif qui, au premier siècle, s'opposent violemment [1]. »

Le Christ, comme le dit saint Paul, réconcilie le juif et le païen en chacun de nous. « Grâce au Christ, l'individu connaît une *exaltation* jusqu'alors inconnue, puisqu'il entre directement en rapport avec la divinité. Et en même temps, dans le Christ et par lui, il reçoit un Esprit de feu dont le souffle *fait fondre* toutes distinctions de races, de langues, d'États [...]. En tant que national, le particularisme des juifs est consumé pour faire place à une fraternité humaine qui réalise son idéal universaliste [2]. » L'individualité et l'universalité sont conciliées dans la fraternité, qui fait passer l'individualité – l'aspect personnel si l'on veut – dans l'universalité, et réciproquement.

Armé de cette vue fondamentale – d'origine théologique mais rejoignant les philosophies –, Fessard situe constamment la réalité sociale à la jointure du particulier – voire du naturel –, la nation est de ce côté, et de l'universel, mais d'abord abstrait, ne rejoignant pas d'emblée la particularité : c'est l'humanité, le monde. C'est l'effectuation d'une synthèse de ces deux aspects qui produit de la société, et simultanément de la personnalité.

Nationalisme, pacifisme.

Dans cet esprit, Fessard a rencontré, dans les années 30, l'alternative nationalisme-pacifisme, le conflit aigu de ces deux

1. *Ibid.*, p. 40.
2. *Ibid.*, p. 41.

positions, au moment de la montée du national-socialisme. Il médite sur cette alternative et ce conflit dans ce livre d'une grande profondeur, paru en 1936 et déjà cité, *Pax nostra*. Il commence par montrer comment le pacifisme, absolutisé, devient l'ennemi de la paix, et le nationalisme, absolutisé de même, l'ennemi de la nation. Il faut au contraire toujours la conversion mutuelle des deux termes qui se proposent. Par exemple : « Il n'est point question de renoncer à l'idéal de paix universel que m'a fait concevoir un mouvement de vraie charité. Mais l'urgence de l'action et sa détermination nécessaire dans le concret me forcent à choisir : – ou bien, comprenant que cette charité idéale ne peut ni garder en moi sa pureté, ni se réaliser dans le monde au moyen d'un acte qui d'emblée la nie, j'accepterai d'agir d'abord jusqu'où il est nécessaire pour ne pas manquer de charité envers mon prochain le plus proche, remettant à plus tard la réalisation de l'idéal tel que je l'imagine ; – ou bien, au contraire, refusant tout retard, je m'attacherai exclusivement, aveuglément à la poursuite de cet idéal imaginé, sans me soucier des moyens employés. Alors, au mépris de cette sincérité initiale qui en faisait tout le prix, je me persuaderai que pour réaliser une charité universelle, je dois commencer par sacrifier le bien de mon prochain immédiat. Au moment où je me décide pour ce dernier parti, l'amour de la paix, élan généreux, se corrompt : l'attitude pacifique se change en pacifisme, et ce n'est plus à un idéal que je me sacrifie, c'est à une idole que je commence par sacrifier mon prochain – ayant tout lieu de croire que même mon martyre en imagination n'est point si désintéressé [1]. » Le nationaliste et le pacifiste se trahissent tous deux.

« Au fond, dit Fessard, le pacifiste conscient manque au premier chef de réalisme. De réalisme moral d'abord, ce qui est une faute contre lui-même. On n'a pas le droit de s'imaginer que l'idéal seul importe, quels que soient les moyens pris pour le réaliser. “La fin justifie les moyens”, telle est au fond sa devise. Alors que la fin ne peut s'isoler des moyens, et que, si le moyen

1. *Pax nostra*, p. 17-18.

suppose une fin intermédiaire orientée au rebours de la fin dernière, celle-ci est en réalité niée, ne subsistant que comme une illusion dont peut seule se satisfaire une imagination orgueilleuse. Ce manque de réalisme moral se double d'un manque de réalisme social et politique. Défaut qui, dans la vie quotidienne de l'individu, peut n'être qu'un manque d'intelligence, mais qui devient une faute grave contre le prochain, si l'on donne son attitude en exemple, lorsqu'il s'agit de questions intéressant l'humanité entière. On n'a pas le droit d'oublier qu'entre nations comme entre individus règne d'abord la loi de la lutte pour la vie. Assurément, il faut tendre de tous ses forces à dépasser ce fait, à transformer la nature. Mais on n'asservit la nature qu'en lui obéissant. Loi absolue en matière internationale comme en physique corpusculaire. C'est temps perdu que de le déplorer : nier le fait du péché ne le supprime pas. Le rêve le plus sublime de rédemption doit toujours commencer par une très humble incarnation. Ce double manque de réalisme amène fatalement le pacifiste à être infidèle à son propre idéal, au point que non seulement en son for intérieur il le renie, mais que les nécessités de l'action politique le transforment en ennemi de cette paix universelle qu'il prétend instaurer [1]. »

On rencontre le même problème avec l'amour de la nation sans conciliation avec rien d'autre. Au terme, on a la nation sans idéal, sans « valeur » de nation, un égoïsme qui se transforme « en ennemi de la patrie [2] ». Fessard montre qu'il faut tendre à une conciliation de la patrie et de la paix par un recours simultané à la justice et à la charité.

Voici quelques phrases où il résume, dans la table des matières de *Pax nostra*, les points de vue typiques qui sont ici les siens. Sur la justice : « La fidélité littérale aux contrats ne peut être l'unique solution des conflits de droit. Le principe premier, source de droit, est : la puissance créatrice au service de l'ordre à établir crée le droit. » Et encore : « La fidélité à la lettre du contrat à quoi en appelle le défenseur en cas de conflit ne peut

1. *Ibid.*, p. 18-19.
2. *Ibid.*, p. 19.

servir de retranchement à un égoïsme impuissant ». Mais d'autre part : « La fidélité à l'esprit du pacte qu'invoque la demande en cas de conflit ne peut se manifester telle qu'à condition d'épuiser d'abord toutes les possibilités d'une fidélité littérale au contrat. »

Sur la charité ensuite : « La charité est la loi suprême de toute mon attitude, dans l'ordre international aussi bien que dans l'ordre individuel. La pratique d'une charité qui tend à être universelle et parfaite est soumise à une condition inéluctable : ne rien nier de ce qu'elle suppose comme ses degrés inférieurs, justice et charité envers mes compatriotes. » Ou bien : « Je reconnais que la charité – et la perfection de la charité – est idéal absolu pour les nations comme pour les individus. Elle est "la loi de la communauté des nations". Mais je refuserai toujours de sacrifier la justice et la charité envers les plus proches sous prétexte de tendre à cette perfection de la charité. » Sur les diverses appartenances, Fessard conclut : « Je reconnais que je dois à ma patrie, entre toutes, une prédilection. Mais je refuse, sous prétexte d'amour de la patrie, de borner à ses frontières ma recherche de la justice et de la charité. »

Le maître et l'esclave, mais Jésus fait esclave.

À la fin de *Pax nostra*, Fessard montre que la synthèse de toutes les oppositions caractéristiques de l'homme et de sa société est donnée dans le Christ – au sens strict n'est donnée qu'en lui –, et à ne pas en tenir compte, on est tenté du repli sur une position limitée quelconque, transformée indûment en absolu, en idole. Il y a toujours pour Fessard quelque part, asymptotiquement ou transcendantalement, une conciliation, qui est le sens de toutes les dialectiques et émergences.

Une des oppositions dialectiques les plus caractéristiques – caractéristique du politique très spécialement – est celle du maître et de l'esclave – l'esclave ayant, sous l'emprise de la peur, échangé la vie contre la liberté, ou une part de sa liberté. Dans une vue pessimiste des choses, il n'y a dans l'univers politique que succession de dominations de ce genre, se remplaçant les unes les autres. L'esclave par son travail et par la culture devient éventuellement capable de prendre le dessus, mais la domination recommence. Cercle vicieux indéfini, alors ? Non pas, dit cependant Fessard. Pour deux raisons. D'abord, il y a, au fondement de la société, une autre dialectique, conjointe à celle du maître et de l'esclave, même primordiale : la dialectique des sexes, la dialectique homme-femme. Dialectique de communion, tout en étant aussi de rivalité et d'émulation – « lutte amoureuse », dit Fessard. Plus radicalement, dans le Christ, comme nous l'avons déjà dit, il y a dépassement de l'opposition caractéristique de la plupart des dialectiques – des mauvaises dialectiques, pourrait-on dire –, il y a ici dépassement par le fait que Dieu, lui, prend paradoxalemnt la position de l'opprimé, de l'esclave et non du maître, ce qui retourne l'effet de la dialectique du maître et de l'esclave, cause de la lutte sans fin, caractéristique du politique.

L'esclave Onésime a peut-être eu des torts, écrit saint Paul à Philémon. Mais, « s'il t'a fait quelque tort ou te doit quelque chose, passe-le à mon compte… C'est moi qui paierai », poursuit saint Paul. « Dans ce simple billet qu'un fait infime provoque, dit Fessard, nous saisissons sur le vif le moi chrétien, la personne, dans sa tâche immense de pacification, détruisant les murs de séparation, réconciliant ceux que l'inimitié a divisés, faisant régner dans le monde antique le Monde nouveau. Et nous reconnaissons à l'œuvre, en cet exemple banal et singulier, l'universelle et concrète "dialectique du maître et de l'esclave" telle que la charité du Christ, la première, l'a jouée entre Dieu et l'Humanité, telle aussi que nous devons la rejouer entre nous les uns pour les autres. Puisse le retentissement qu'ont trouvé dans le monde antique les paroles et les gestes de Paul, dévoilant le Mystère du Christ, nous persuader que cette dialectique n'est pas seulement capable de changer l'exploiteur en exploité et le prolétaire en dictateur, mais qu'elle peut, au contraire, par la médiation du moi qui se fait "tout à tous", instaurer la communion d'une vraie fraternité [1]. »

1. *Pax nostra*, p.103-104.

Quelques années après *Pax nostra*, qui donne les principes d'un examen de conscience international, G. Fessard a à en faire l'application à la situation résultant du rattachement du pays des Sudètes à l'Allemagne (six mois après Munich, le 28 septembre 1938). Il écrit dans *Épreuve de force* [1] : « Si le parti de la paix à tout prix a trouvé des complices même parmi les catholiques qui essayaient de se faire véritablement juges, la raison en est dans les apparences qu'a revêtues jusqu'à présent pour eux le combat pour la paix. Après la guerre [de 1914-1918], très justement théologiens et moralistes ont posé en principe que la guerre moderne, en raison des calamités mondiales qu'elle entraîne, ne pouvait être un moyen proportionné à la fin qui seule pourrait éventuellement justifier l'emploi de la force, à savoir l'instauration d'un ordre plus humain de la paix [...]. Personnellement d'ailleurs, je crois avoir tiré, abstraction faite de notre situation historique, la conséquence ultime des principes chrétiens en admettant à la limite pour une nation la légitimité d'une totale non-résistance à l'agresseur injuste, qui ferait de cette nation une martyre de la paix par charité ! Seulement, en même temps, je prenais soin de montrer que la charité qui pouvait souhaiter ce total renoncement et y mener, devait commencer par prouver son authenticité en satisfaisant aux plus urgents devoirs de justice. Or, en l'état actuel du monde et tant qu'un tel renoncement collectif ne sera pas mieux préparé, la justice exige que chacun prenne d'abord, en cas d'agression injuste, la défense de sa nation et des nations les plus proches avec tous les risques qu'elle comporte [...] Quiconque refuse ce risque et préfère laisser le champ libre à la force, trahit sa mission de "juge" et ne peut se vanter de travailler efficacement à l'instauration de la paix. Celui au contraire qui veut se faire véritablement juge et a pris conscience de l'idéal d'une telle fonction, celui-là ne peut consentir à la moindre injustice [...] Lorsque [le violent] verra les volontés bornées mais faibles des petits États qui se fussent groupés contre lui, n'eût été la défaillance [de ceux qui avaient

1. *Épreuve de force*, Bloud et Gay, Paris, 1939.

le moyen de lui résister], s'empresser au contraire de faire leur cour à sa puissance victorieuse, il pourra se persuader qu'un jour viendra aussi où le soi-disant juge trouvera, malgré ses précédentes dénégations, que, même sous la domination de la force, la vie vaut la peine d'être vécue ! [1] » Fessard termine : « La défaillance de qui veut être juge mais n'ose se risquer, ne peut avoir d'autre sens que d'en faire un futur esclave [2]. »

Dans ce petit livre est préfigurée, peut-on dire, l'attitude résistante du Père Fessard, auteur pendant l'Occupation de *France, prends garde de perdre ton âme* (1941). Tous ne conviendront peut-être pas qu'il continue à tenir les deux bouts. Le pouvait-il, il est vrai ? C'était peut-être la limite de la méthode. Y a-t-il toujours dépassement ?

De *Pax nostra* même, lisons en tout cas ce texte de conclusion sur la manière dont Fessard entrevoit le dépassement de la dialectique d'opposition juif-païen (du côté du juif) : « Que le juif, à l'heure actuelle, n'ait plus de patrie au sens que ce mot garde pour les autres peuples, c'est un fait dont j'ai essayé de rendre compte du point de vue religieux. Israël ne peut échapper à son destin. Mais ce destin même rend les Juifs plus aptes que d'autres à devenir les pionniers d'une véritable Communauté des Nations. D'une part, puisque leur Élection en Abraham a commencé par leur donner une unité nationale que deux mille ans de dispersion n'ont pas entamée, ils peuvent comprendre à quel point est foncière et radicale, providentielle, cette diversité qu'il faut organiser, non supprimer. D'autre part, puisque la dispersion les prive de presque tous les biens dont se nourrit l'égoïsme des nations, ils peuvent plus facilement aussi concevoir les solutions justes, humaines, capables de réaliser entre elles une association féconde. Il est vrai, le juif ne pourra s'employer à cette tâche et transformer sa puissance naturelle de division et de dissociation en force d'union et de construction que par un renoncement personnel qui, pour lui comme pour moi, sera le sacrifice de la mauvaise individualité de son peuple.

1. *Ibid.*, p. 90-96.
2. *Ibid.*

Mais son renoncement prendra une apparence inverse du mien. Moi, païen converti, j'ai à me déprendre de l'individualité d'une nation constituée par des éléments bien définis, territoire, langue, État, etc. Le juif dispersé, providentiellement privé de tous ces biens, doit, au contraire, sacrifier ce qui constitue la mauvaise inividualité, propre à son peuple depuis le rejet du Christ [...]. [Importance alors du juif devenu chrétien] Décisif aussi, l'argent devenant un facteur d'union et non de division, de paix et non de guerre [...]. Création économique venant incarner, représenter, rendre sensible à tous le fait de la solidarité internationale. Les Juifs se rapprochant du Christ, le capitaliste pliant l'argent au service de la paix, ces deux facteurs ne sont point négligeables pour une œuvre de paix. Mais c'est de l'Église que j'attends la création originale qui donnera sa vraie forme à l'esprit international et le diffusera dans le monde. En plein Moyen Âge n'a-t-elle pas inventé les Ordres religieux qui furent les plus puissants instruments pour ses tâches de Chrétienté. Actuellement encore [...] ils pourraient servir de modèle à des groupements qui, inspirés par le christianisme, se consacreraient à des tâches moins spécifiquement apostoliques et plus directement internationales [...] Les petits conflits de droit où ma justice risque à chaque fois de se satisfaire d'elle-même, ne manquent point à ma vie. Leur rôle est toujours de me forcer à entrer dans l'engrenage de la charité, et ce n'est que dans la mesure où celle-ci broiera mon égoïsme que je puis espérer qu'en rejaillise dans le monde quelque lueur et quelque flamme d'amour [1]. » Fessard voit toujours à l'Église même, comme au Christ, un rôle décisif dans l'histoire humaine tout court. Il intègre sans hésitation la théologie à sa construction philosophique [2].

1. *Pax nostra*, p. 392-399.

2. Voir mon article « Philosophie et religion chez Gaston Fessard », *Archives de philosophie*, avril-juin 2000, p. 261.

Pouvoir de fait, pouvoir de droit, autorité.

Un ouvrage où la dialectique est sans doute plus présente encore, appliquée avec plus de rigueur, est *Autorité et Bien commun*, de 1945 [1]. On y observe la genèse de l'autorité sociale à partir de la dialectique du pouvoir de fait – pas très éloigné de la violence – et du pouvoir de droit – proche d'un idéal social parfaitement partagé. Dans un contexte où l'on songe à restaurer l'autorité, *une* autorité, après de grandes crises publiques, G. Fessard dit : « Encore est-il qu'il faut savoir en quoi consiste au juste ce qu'il s'agit de restaurer : l'autorité [2]. » Le danger de « tyrannie », en effet, n'est jamais loin.

La légitimité de l'autorité, explique-t-il, vient du bien commun. C'est le premier mot que l'on prononce. Mais il y aussitôt comme un dédoublement, ou bien il y a deux versions du bien commun, qui tendent l'une et l'autre à s'imposer de manière unilatérale : bien de la communauté, communauté du bien. On pense d'abord à « la somme des biens privés et publics, matériels et moraux, qu'intègre une société donnée, bref sa prospérité [3] » : bien de la communauté. La communauté elle-même est vue come « une totalité concrète et objective » apportant satisfaction. Mais cela n'est possible que par un appel infini et une ouverture au bien même : communauté du bien, dit Fessard, « bien universel, tel qu'il peut être possédé identiquement par tous [4] ». Et la dynamique ne s'arrête pas là : fidèle au point de vue qui l'anime depuis *Pax nostra*, G. Fessard voit la nécessité d'une « mise en relation réciproque des deux aspects opposés : ni seulement Communauté du bien, ni seulement Bien de la communauté, mais Bien de la communion [5] ». Le bien commun

---

1. *Autorité et Bien commun*, Aubier, 1945, nouvelle éd. 1969 – Les premières réflexions contenues dans cet écrit remontent à 1938-1939.

2. *Ibid.*, p. 6.

3. *Ibid.*, p. 54.

4. *Ibid.*, p. 55.

5. *Ibid.*, p. 9.

est donc une réalité jamais figée, jamais prédéterminée, toujours en genèse, dans et par la reconnaissance même entre citoyens.

La fin de l'autorité, constate corrélativement Fessard, est de « disparaître en s'accomplissant ». Sa croissance vise « essentiellement à développer le bien moral au point de rendre inutile toute supériorité et par conséquent de se supprimer elle-même, réalisant un parfait accord entre les termes opposés dont le conflit l'a fait naître [1] ». Fessard poursuit : « Dans la mesure où elle agirait en conformité avec cette essence, l'autorité serait légitime et le droit par elle revendiqué serait vraiment droit. Si au contraire elle poursuivait une autre croissance que celle qui la mène à disparaître, elle deviendrait illégitime, et le droit par elle créé en ce cas ne serait plus du droit [2]. »

Dans un pouvoir, dit encore Fessard, fût-ce aussi primitif que « le pouvoir du maître issu de la lutte à mort », se font déjà sentir les exigences d'une « âme ». « D'autant plus impérieuses, poursuit-il, à le faire renoncer vis-à-vis de son esclave à l'égoïsme de la domination, que celle-ci est née d'une violence plus injuste. Ce pouvoir, en effet, ne pourra commencer de devenir autorité véritable qu'en affranchissant l'esclave, en lui reconnaissant, au moins en principe, une identité de nature et une égalité de droit avec le maître [3]. » « Si, est-il dit ensuite, par égoïsme ou volonté de puissance, le maître refuse de franchir ce seuil, affirmant le droit exclusif de sa force ou de sa race, sa domination est condamnée par cette âme même à rester malfaisante, tyrannique, verdict que l'histoire, tôt ou tard, se charge d'exécuter [4]. »

Revenons d'autre part à l'universalisation du bien commun en Communauté du bien. Ce qui constitue cette communauté du bien, « c'est non point la part réelle mais toujours limitée que l'individu prend au Bien de sa communuté, mais la participation illimitée à tout bien possible qui lui est reconnue sous forme de

1. *Autorité et Bien commun*, p. 25.
2. *Ibid.*
3. *Ibid.*, p. 45.
4. *Ibid.*, p. 45-46.

“droits”. Droits universels, droits de l’homme comme tel. Et non seulement droits du sujet de telle communauté [1] ». La dynamique, peut-on dire, de la communauté politique en résulte : « Nulle intervention de tous et de chacun n’est possible en effet si tous, en tant que communauté, ne se font moyen par rapport à chacun et ne le prennent pour fin [2]. » Il faut finalement parvenir à la détermination d’un bien de la *communauté humaine*, seule capable de donner un contenu à la communauté du bien universel [3].

Et voici comment se rapprochent bien de la communauté et communauté du bien dans la communion du bien : « Bien de la communauté et Communauté du bien sont les deux aspects fondamentaux du Bien commun, le premier présentant sa particularité nécessaire, le second son essentielle ouverture sur l’infini. Mais poursuivis chacun à l’exclusion de l’autre, ils se pervertissent et détruisent le lien social, l’un faute d’universalité, l’autre de détermination concrète. Pour que le Bien commun soit recherché et atteint dans sa vérité et sa réalité, il faut au contraire que ces deux aspects soient mis en relation réciproque et deviennent l’un pour l’autre moyen et fin. La communauté particulière doit inclure dans son “intérêt général” comme le plus général de tous, le respect des droits de l’homme et la réalisation de cette Communauté du bien qui peut se communiquer identiquement à tous : celle-ci deviendra du coup le moyen par lequel s’universalise le Bien de la communauté particulière. Et d’autre part chacun doit user de ses droits universels pour assurer d’abord le Bien de sa communauté particulière : celle-ci par là même servira de moyen qui réalise et détermine la Communauté du bien […]. Cette réciprocité d’action est […] l’âme, le nœud vital, le lien substantiel du Bien commun. Aussi, pour être distinguée des deux aspects opposés qu’elle unit, mérite-t-elle d’être appelée *Bien de la communion* [4]. » Suit, chez

1. *Ibid.*, p. 55.
2. *Ibid.*, p. 56.
3. *Ibid.*, p. 76.
4. *Ibid.*, p. 76-77.

Fessard, cette précision : « Sous le nom de Bien commun, c'est ce Bien de la communion que l'autorité et les membres de la communauté doivent formellement viser, l'une pour être conforme à son essence, les autres pour promouvoir et accomplir leur existence sociale. En effet, qui dit communion, dit lien à la fois spirituel et charnel, unité en même temps concrète et universelle. Unité par conséquent qui ne repose pas seulement sur un état de fait, sur une détermination de la nature commune à plusieurs, mais sans que leurs volontés y soient pour rien, ni sur un rapport de subordination qui peut s'étendre sans doute indéfiniment, mais sans réussir à atteindre la véritable universalité. Lien qui ne consiste pas davantage ni dans un seul rapport de droit reliant identiquement tous et chacun à un transcendantal, mais laissant l'intimité de leur être inchangée, ni dans une pure coordination que la matière de l'univers entier peut sans doute remplir, mais en l'éparpillant aussi dans une particularité indéfinie. Non, la communion ne naît que d'une action où il y a communication mutuelle et volontaire d'un bien concret et déterminé assurément, mais en vue d'un lien qui transcende et la particularité du bien et l'individualité de ceux qu'elle unit. Cette action a sans doute pour origine une subordination et pour moyen une coordination, mais c'est seulement par la mise en relation réciproque de ces deux modes d'unité qu'elle atteint son terme et s'achève dans l'intégration de la communion. En visant à ce sommet, toute autorité réalise déjà son essence qui est d'être vouloir de sa propre fin, et tout membre d'une communauté atteint aussi déjà la plénitude de son existence sociale qui est de se donner à tous et de recevoir l'être de tous [1]. »

Il faut très particulièrement insister sur l'idée de « communication mutuelle et volontaire d'un bien concret et déterminé assurément, mais en vue d'un lien qui transcende et la particularité de l'un et l'individualité de ceux qu'elle unit ». C'est l'idée de la reconnaissance effective (en acte) de portée universelle à travers des biens déterminés – ils peuvent être matériels ou moraux d'ailleurs. C'est une des meilleures définitions qui se

1. *Autorité et Bien commun*, p. 78.

puissent donner de la société. Un autre aspect, capital, de la pensée de Fessard sur le Bien commun concerne, enfin, la nécessaire référence à « la valeur, la *Source* du Bien qui se communique de lui-même [1] ». En définitive un « Universel Concret ». L'humanité moderne s'en prive souvent, elle tend du coup à recourir à des substituts frelatés de cet Universel Concret. « Le monde moderne se prive du concours d'une médiation transcendante à l'humanité, sans pouvoir se dispenser de recourir à quelque autre Universel Concret pour la remplacer [2]. » On crut quelque temps pouvoir se contenter, à cet effet, « d'un Droit et d'une Justice transcendantale », note Fessard. Il poursuit : « En réalité, comme allaient le dénoncer bientôt d'inévitables conflits de droits, ces transcendentaux laissaient complètement indéterminé le Bien commun universel, celui de l'humanité, en fonction duquel, seul, ces conflits pouvaient être jugés et résolus [3]. » Entre État et société, on ne trouva plus bientôt, « pour remplir la fonction médiatrice, que l'immanence de la *Nature*, le fond même d'où État et Société sortent comme deux tendances divergentes [4]. » « En cherchant à les réconcilier, on allait porter leur opposition au maximum [5] ». Conséquence nécessaire de l'immuable structure de la communauté et de son Bien commun universel : « L'Universel concret devait devenir, pour la conscience humaine, soit une puissance biologique s'humanisant dans un Peuple de maîtres, soit une Humanité s'universalisant par le Travail. Sous l'État ainsi ramené à ses origines, par-delà la Société projetée de la sorte à sa limite, c'est la Nature sous sa forme inhumaine et irrationnelle que la conscience doit invoquer comme la source du Bien commun. Si bien que les deux conceptions du monde, issues du rationalisme

1. *Ibid.*, p. 92.
2. *Ibid.*, p. 93.
3. *Ibid.*, p. 94.
4. *Ibid.*, p. 95.
5. *Ibid.*

libéral, prenaient valeur de mystiques opposées, prétendant chacune remplacer toute religion et revendiquant son empire souverain sur les consciences [1]. » Il s'agit, bien clairement, du naturalisme national-socialiste, raciste, et du naturalisme de la réconciliation avec la nature, de tournure marxiste. Il faut fortement souligner cette retombée du transcendantalisme à des naturalismes, négation de la dynamique fondamentale et de l'ouverture de l'être que l'on appelle – que Fessard en tout cas appelle – dialectique.

« Tant, dit d'autre part Fessard, tenant compte de l'évolution du monde, que le problème du Bien commun ne s'est posé aux hommes qu'au niveau de leurs communautés particulières, familles, professions, États, ils ont pu le résoudre en poursuivant simplement une communion proportionnée à ces communautés limitées, sans se préoccuper d'en réfléchir et d'en viser la source au plan de l'universel [...]. Aujourd'hui, il ne peut plus en être de même. Nulle communauté, si petite soit-elle, qui puisse séparer son bien propre du Bien commun universel, ou se flatter d'atteindre celui-là sans le concours de celui-ci [2]. » C'est alors, seulement d'une « médiation entre l'homme et Dieu que le problème du Bien commun peut recevoir une solution définitive [3] ».

Il faut « entre l'homme et Dieu » même un lien social, grâce auquel toutes les oppositions, celles de l'individu comme celles de ses communautés, puissent être surmontées [4]. « Partout et toujours, ajoute Fessard, la communauté religieuse a eu pour fonction essentielle de représenter ce lien [5]. » Nous avons déjà tout à l'heure parlé en ce sens de l'Église selon Gaston Fessard. La communauté religieuse, poursuit-il ici, « continuant à travers le temps et l'espace le geste qui l'a instituée, [...] devrait offrir aux hommes le spectacle d'une parfaite interaction entre ses

---

1. *Autorité et Bien commun*
2. *Ibid.*, p. 97.
3. *Ibid.*, p. 98.
4. *Ibid.*, p. 99.
5. *Ibid.*

membres et son chef, toute puissance et toute autorité ne visant en elle qu'à réaliser la Communauté du Bien spirituel, tout travail et toute obéissance de ses membres ne tendant qu'à promouvoir le Bien de la communauté universelle [1]. »

Comment la réalité religieuse garantit-elle le Bien commun authentique ? C'est, par exemple, dit Fessard, parce qu'« aux yeux de l'Église, les droits de l'homme restent des droits sacrés non seulement parce qu'ils définissent la dignité d'un individu participant à une raison indéterminée, mais parce qu'ils sont ceux d'une personne appelée à la Communauté du Bien divin [2] ». La médiation du Transcendant fonde une interaction entre personne et communauté : « L'individu humain, ou le moi, ne devient personne ou sujet de droit qu'à l'intérieur d'une communauté qui le reconnaît tel et par là le personnalise. Mais, une fois donné ainsi à lui-même, ce moi ne se conserve et se développe qu'en communiquant à la communauté l'être de valeur qu'il en a reçu. Il lui subordonne donc son individualité et ainsi se met en commun [3]. »

Comment ce rôle de l'Église existe-t-il encore ? « Parce que le Bien de la Communion proposé par l'Église dérive de la médiation de l'Homme-Dieu, et parce qu'il se représente lui-même comme résultant de l'interaction d'une Personne divine avec l'Humanité, d'un chef et d'un corps social se sacrifiant l'un à l'autre, il réussit à concilier la personne et la communauté, le Bien de la communauté particulière et la Communauté du bien universel [4]. » Notre auteur continuant (longue mais précieuse citation à nouveau) : « En effet, si la personne, soit comme chef, soit comme membre d'une communauté, suit la voie tracée par ce modèle et vise ce Bien de la Communion, elle aperçoit la nécessité de mettre en relation réciproque ses deux tendances à tous les niveaux où se pose le problème du Bien commun. En tant que chef dans un État, elle ne pourra donc

1. *Ibid.*, p. 103.
2. *Ibid.*, p. 106.
3. *Ibid.*, p. 105-106.
4. *Ibid.*, p. 108.

jamais réduire la nécessaire subordination qu'implique ce pouvoir politique à celle de l'esclave vis-à-vis du maître, encore moins tendre à universaliser un tel rapport. Bien plutôt devrait-elle n'user de ce pouvoir qu'en fonction de la Communauté du bien, et pour assurer le respect des droits de tous, individus et communautés particulières. De même, en tant que membre d'une Société, la personne ne pourra pas davantage retenir égoïstement sa richesse économique ; elle devra au contraire la mettre à la disposition de tous, communautés particulières et individus, pour subvenir à leurs besoins, permettre à leur liberté un exercice effectif, donner à leurs droits un contenu réel. Par le fait même, dans la mesure où cette mise en commun suppose une universelle coordination, elle ne pourra se réduire à la simple "administration des choses" substituée au "gouvernement des hommes". Elle ne pourra au contraire s'effectuer que par le moyen de ces "gouvernements", de même que ceux-ci ne pourront tendre efficacement à l'unité, fin de l'État, que par le moyen de l'universelle coordination de la Société. C'est ainsi que la médiation de l'Homme-Dieu définit la voie d'une interaction réciproque des personnes et de leurs communautés dans le but de promouvoir leur intégration dans une seule et unique communauté humaine [1]. » C'est là un propos qui annonce celui du concile Vatican II vingt ans plus tard : « La propre réalité de l'Église manifeste au monde qu'une véritable union sociale [de société] visible découle de l'union des esprits et des cœurs, à savoir de la foi et de la charité, sur lesquelles, dans l'Esprit Saint, son unité est indissolublement fondée [...]. Comme, de plus, de par sa mission et sa nature, l'Église n'est liée à aucune forme particulière de culture, ni à aucun système politique, économique ou social, par cette universalité même, l'Église peut être un lien très étroit entre les différentes communautés humaines et entre les différentes nations [2]. » Il vaut enfin la peine de souligner ce mot de conclusion de G. Fessard : « Dans la *valeur*, l'autorité trouve le principe d'une croissance sans fin, et dans le

1. *Autorité et Bien commun*, p. 109.
2. *Gaudium et spes*, 1965, n. 42.

Bien de la communion une fin qui la consume sans la détruire. Aussi est-ce par *l'amour* que l'autorité devient conforme à son essence : vouloir de sa propre fin, et dans la communion de l'amour qu'elle existe comme médiatrice du Bien commun. »

Voici donc le pouvoir de fait transmué en pouvoir de droit, son sens véritable dès l'origine, voici l'autorité débordée si l'on peut dire, vouée à vouloir sa propre fin, voici le bien commun transformé en valeur proprement dite. Voici, de même, la théologie et la philosophie faisant un très original bon ménage : les amis même agnostiques du Père Fessard n'y voyaient pas à redire, tant sans doute leur apparaissait nécessaire un tel fondement de la dialectique si on la développe intégralement. Hegel n'avait-il pas fait de même, après tout, depuis *L'Esprit du christianisme et son destin* ?

Le Père Fessard après la guerre.

Au-dela de ces vues de philosophie sociale fondamentale, il faut ajouter qu'après la guerre surtout, G. Fessard fut le vigilant dénonciateur de la tentation marxiste en monde chrétien. Dès avant la guerre il avait écrit *La Main tendue. Le dialogue catholique-communiste est-il possible ?* [1]. En 1946, aux Éditions du Témoignage chrétien, il publie *France, prends garde de perdre ta liberté*, au titre délibérément parallèle à celui de la brochure publiée cinq ans auparavant contre le nazisme, *France, prends garde de perdre ton âme*. Et suivent plusieurs autres livres de même sens : *Le communisme va-t-il dans le sens de l'histoire ?*, *Paix ou guerre ? Notre paix* (pendant la Guerre froide), *Libre méditation sur un message de Pie XII (Noël 1956)* – peu après les événements de Hongrie et la publication du Rapport Khrouchtchev sur les crimes de Staline et le culte de la personnalité. Il y a surtout *De l'actualité historique*, 1960, dont le second tome est tout entier consacré à l'analyse du « progressisme » chrétien et à la crise des prêtres-ouvriers. Enfin,

1. Grasset, 1937.

posthume, *Église de France, prends garde de perdre ta foi !* [1], analyse ce que Fessard considérait comme d'autres manifestations de marxisation dans l'Église de France, particulièrement dans les mouvements d'action catholique. Peu avant sa mort, il avait corrigé les épreuves de *Chrétiens marxistes et théologie de la libération* qui est paru en 1978. D'une autre veine, d'autre part, il faut évoquer, après la guerre aussi, bien que les premiers éléments soient de 1931, *La Dialectique des « Exercices spirituels » de saint Ignace de Loyola* [2] sur le problème de « l'actualité historique et de la libre décision par laquelle s'y constitue la réalité humaine, tant sociale qu'individuelle ». Le Père Fessard est surtout à l'affût des totalisations de l'histoire qu'offrent les théologies laicisées, rabattant le plus souvent la culture sur la nature, au lieu d'ouvrir la culture à la transcendance, à l'infini – relation qui seule la fait tenir, nous l'avons déjà vu tout à l'heure, sans totalisation précoce. A. Manaranche qui a écrit des pages pénétrantes sur G. Fessard dans *Attitudes chrétiennes en politique* [3], dit au sujet de ses vues sur l'histoire : « Le tort de bien des philosophes de l'histoire, c'est d'avoir cru pouvoir synthétiser tout le cours de l'humanité, alors que l'homme ne récapitule guère qu'une séquence, pas l'ensemble du film. C'est la prétention des positivismes, celui de Comte par exemple, dans la mesure où il détermine catégoriquement trois âges du monde. C'est la prétention de l'idéalisme hégélien, auquel le marxisme a infligé un post-scriptum inattendu. C'est la prétention de Marx lui-même d'avoir résolu sciemment le mystère de l'histoire et d'avoir définitivement achevé la critique de la religion [...]. Les totalisations ne sont que des théologies laïcisées. Voilà pourquoi le progressisme chrétien a, sans même s'en douter, changé de foi en cours de route, risquant ainsi de tomber dans un athéisme d'autant plus séduisant qu'il emprunte une forme chrétienne ; les seules périodisations de l'histoire que

1. Julliard, 1979
2. Aubier, t. I : 1956 ; t. II : 1966. Un troisième tome a été publié ensuite, sous le titre *Symbolisme et historicité*, Culture et vérité, Lethielleux, 1984.
3. Éd. du Seuil, 1978.

nous puissions faire nous sont données par la foi au Christ : par exemple celle qui distingue l'ombre (Ancien Testament), la figure (Nouveau Testament) et la vérité (eschatologie) ; mais elles ne permettent pas d'imaginer d'avance le cours des événements au plan où il se produit. La Promesse divine confère une certitude, pas une voyance. Savoir que quelqu'un nous attend ne nous communique pas l'itinéraire détaillé par lequel l'Humanité parviendra jusqu'à lui [1]. »

Le meilleur de l'œuvre du Père Gaston Fessard me semble consister dans sa considération de la dialectique de la personne et de la société, du particulier et de l'universel, de la nation et de la paix mondiale, et de sa résolution par la dynamique de la communion, de la reconnaissance en acte – non sans renvoi au Transcendant sans lequel il n'est pas d'émergence, ou de vraie dialectique. Là il conforte d'une puissante spéculation les vues fondamentales du christianisme, celles de la doctrine sociale de l'Église, sur la personne et la société, renvoyant sans cesse de l'une à l'autre de façon indissoluble. Ce ne sont assurément pas tellement les aspects particuliers d'une pensée sociale chrétienne qui sont abordés chez Fessard, c'est le *fond* du problème, plus nettement que chez Maritain ou Mounier dont ont parlé nos précédents chapitres.

Approfondissement.

Et, justement, la récente publication d'une remise en ordre, par Michel Sales, de nombreux textes du Père Fessard, sous le titre *Le Mystère de la société* [2], permet de mieux saisir encore le nerf philosophique de la pensée de notre auteur. Parfois en effet, comme nous l'avons aperçu depuis *Pax nostra*, il a pu donner l'impression de retenir comme centrale une sorte de structure

---

1. A. MANARANCHE, 1978, p. 146-147. Sur l'histoire selon G. Fessard, voir aussi son article : « L'histoire et ses trois niveaux d'historicité », *Sciences écclésiastiques*, Montréal, oct.-déc. 1966, p. 329-357.

2. Éd. Culture et Vérité, Bruxelles, 1997.

duale de la réalité, et de reprocher du coup à l'un (au marxisme par exemple) de s'emparer d'un des aspects seulement de la réalité, à l'autre (au national-socialisme cette fois) de s'emparer semblablement de façon exclusive de l'autre aspect. Cela ne suffit pas, en vérité, pour qu'on parle de dialectique. Mais « le philosophe prétend tracer la *genèse* dialectique de l'humanité », dit aussi Fessard [1] et ceci est bien autre chose.

C'est, me semble-t-il, ce qui apparaît clairement dans sa pensée quand il fait appel à la lutte amoureuse qui conduit à la reconnaissance d'amour entre homme et femme, déjà évoquée au début de notre chapitre. Le désir sexuel vise en l'autre le sujet même, le moi, *l'autre* vraiment, non pas l'autre, chose, comme dans la relation maître-esclave. Il n'y a plus alors simplement des « dialectiques », tensions diverses, comme trouvées là, entrecroisées – se « contaminant » l'une l'autre –, mais la manifestation de la *genèse* comme telle. Le *principe* est en définitive l'amour, l'appel de l'autre. Nous l'avons vu invoqué aussi, dans un texte d'*Autorité et Bien commun*, sur l'amour, la « source » véritable.

La société familiale ainsi constituée est débordée, ensuite, en fraternité. Fessard insiste très justement sur la prohibition de l'inceste, qui implique séparation, sur le fond de l'union réalisée. La société *se rouvre* même, jusqu'à l'extrême de la lutte à mort, fruit des premières « positions de soi », avant de nouvelles démarches de reconnaissance.

Quand Fessard fait intervenir la relation maître-esclave, le raccordement avec la dynamique d'amour homme-femme n'est en revanche peut-être pas parfaitement assuré ou explicité. On entre en effet dans le monde de la liberté auto-affirmative, séparatrice, diviseuse, sans qu'on voie bien d'où celle-ci vient. Or elle vient de la reconnaissance même d'altérité de l'amour : ainsi est en effet constituée *la personne*, cette capacité d'affirmation, cette liberté. On comprend alors l'homme qui n'a pas eu peur de mourir : surgissement du maître – et, du coup, de l'esclave. Cette

1. *Le Mystère de la société*, p. 176.

seconde étape de genèse est par là raccordée à la première sans laquelle rien ne se comprend : « unique force de l'amour », faut-il dire, au principe de toutes les reconnaissances successives (par-delà les divisions, issues quant à elles de cela même qui a été *constitué* dans les reconnaissances précédentes).

On peut aussi dire, à nouveau, avec Fessard, mais d'une nouvelle manière, que le commencement est religieux. L'appel de l'autre qui est en la relation homme-femme, à la racine de la personne, de la liberté, est en effet enraciné dans l'appel de l'Autre absolu s'adressant – dans la création – à l'humanité même. L'humanité est Femme en face de la liberté divine, ose dire Fessard, raccordant un point de vue religieux au rapport d'amour homme-femme. « Dès l'origine, dit Fessard, à l'homme fait à son image Dieu a proposé une lutte amoureuse d'où devrait jaillir la reconnaissance d'amour [1]. » Ici est l'appel extrême, centre de toute réalité, qui se diffracte en altérités successives, en voie de dépassement par l'engendrement des diverses reconnaissances [2].

Le Père Fessard pourchasse, à partir de là, toute fixation, tout arrêt (toute clôture sur un seul aspect), toute attitude, toute manière de vivre ou de sentir où cesse d'être entendu l'appel, l'autre (l'« Autre » en définitive). Le tout ne s'entend bien, assurément, qu'inscrit dans la genèse concrète dont je viens de parler (autrement on risque d'en venir à une sorte de mécanisme). Il s'agit alors vraiment d'une pensée sociale dynamique, vivante, sans égale dans l'ensemble de la réflexion sociale chrétienne dont nous parlons dans ce livre. Difficile certes, inachevée. Ici en tout cas, la personne ne sera jamais sans la société, et il n'y a pas de société qui ne soit de la substance même de la personne. Il s'agit de points de vue absolument fondamentaux dans le christianisme rencontrant le social : ils sont ici vraiment articulés.

---

1. *Ibid.*, p. 500-501.

2. Voir mon article « Le Père Gaston Fessard », *Études*, oct. 1997, p. 405-408.

V

PIERRE TEILHARD DE CHARDIN (1885-1955)

Pierre Teilhard de Chardin, très connu dans d'autres disciplines, comme la paléontologie ou, d'autre part, la théologie, a sa place aussi dans la pensée sociale. Nous allons le rencontrer ici sous cet aspect, insistant bien moins sur les autres.

Il est plein d'intérêt certes de revoir quelques étapes de sa vie et de son œuvre, pour pressentir l'ampleur de sa vision. Né en 1885, il est entré jeune homme dans la Compagnie de Jésus. Ayant mené des études scientifiques conjointement à sa formation philosophique et théologique, il est admis, tôt, au laboratoire de paléontologie du Muséum à Paris. Il effectue ensuite des voyages nombreux, en Égypte, en Chine, aux Indes, à Ceylan, aux États-Unis. Il participe à la découverte du premier crâne du Sinanthrope, puis prend part à la Croisière Jaune (1931-1932). Il meurt en 1955 aux États-Unis, où il se trouvait, en somme, exilé. Il avait subi, pour certaines de ses idées (sur l'évolution, sur le péché originel...), la méfiance des autorités ecclésiastiques de ce temps.

Ses œuvres scientifiques furent publiées de son vivant. Ses œuvres philosophiques et théologiques, au contraire, ne purent l'être en raison des interdictions des autorités romaines. Plusieurs – comme *Le Milieu divin* par exemple – circulèrent en manuscrits dactylographiés que l'on recopiait indéfiniment. Vrai samizdat ! C'est après sa mort seulement que parurent les plus importantes de ces œuvres, aux Éditions du Seuil.

Disons d'emblée que Teilhard nous entraîne dans un style de réflexion très différent de celui de Gaston Fessard, même s'il y a quelques harmoniques entre eux, tout comme Fessard nous menait déjà dans un bien autre monde que celui de Maritain ou de Mounier. Richesse, décidément, de ces années 30 dans la France catholique.

La société et la socialisation dans la synthèse teilhardienne.

Les vues de Teilhard sur la société ne sont pas, faut-il remarquer ensuite, un simple appendice par rapport à sa pensée sur l'évolution, sur l'homme, ou sur Dieu, sur le phénomène chrétien. Elles sont au contraire au cœur même de cette vision. On le découvre très particulièrement dans *Le Phénomène humain*, cet ouvrage clé, écrit de 1938 à 1940, remanié et complété en 1947-1948 [1]. Dans cette grande synthèse, en effet, Teilhard fait d'abord voir la « prévie », puis la vie, puis « la naissance de la pensée », « le pas de la réflexion ». Où va le monde, dit-il alors, ainsi arrivé à l'homme ? « Après s'être mû jusqu'à l'homme, le Monde ne s'est-il pas arrêté [2] ? » La section suivante « La survie » – il faut entendre la sur-vie – commence par un développement intitulé « L'issue définitive ». C'est le début de la réponse. À ce point, dit en premier lieu Teilhard, il y a des risques de repli, d'isolement. Isolement de la pensée sur la pensée. « Se faire plus seul pour être davantage [3]. » « Semblable, dans ce cas, à quelque substance radiante, l'Humanité culminerait en une poussière de particules actives, dissociées. Non pas, sans doute, la gerbe d'étincelles s'éteignant dans la nuit : ce serait là cette Mort totale dont notre option fondamentale vient d'éliminer définitivement l'hypothèse. Mais l'espoir plutôt que, à la longue, certains rayons plus pénétrants ou plus heureux, finiront bien par trouver le chemin cherché depuis toujours par la conscience vers sa consommation. Concentration par décentration d'avec le reste. Solitaires, et à

1. Cité ici d'après la collection « Points » des Éd. du Seuil.
2. *Le Phénomène humain*, p. 233.
3. *Ibid.*, p. 237.

force de solitude, les éléments sauvables de la Noosphère trouveraient leur salut à la limite supérieure, et par excès, de leur individualisation [1]. »

Le racisme, dit Teilhard, est une variante de la même tentation – ou de la tentative – d'isolement : « Une autre doctrine de “progrès par isolement” fascine, dit-il, en ce moment même, de larges fractions d'Humanité : celle de la sélection et de l'“élection” des Races. Flatteur pour un égoïsme collectif, plus vif, plus noble, et plus chatouilleux encore que tout amour-propre particulier, le Racisme a pour lui le fait d'accepter et de prolonger, rigoureusement telles quelles, dans ses perspectives, les lignes de l'Arbre de la Vie. Que nous montre en effet l'Histoire du Monde animé, sinon une succession d'éventails surgissant, l'un après l'autre, sur l'autre, par succès et domination d'un groupe privilégié ? Et pourquoi échapperions-nous à cette loi générale ? Encore maintenant, donc, et même entre nous, lutte pour la vie, survivance du plus apte. Épreuve de force. Le Surhomme doit germer, comme toute autre tige, à partir d'un seul bourgeon d'Humanité [2] ! »

Il n'y a pourtant rien à attendre, dit Teilhard, de ces voies d'isolement. Elles négligent un phénomène essentiel, une loi déjà apparue, « la *confluence* naturelle des grains de pensée [3] ». La pensée ne va pas de l'avant par isolement. Tout déjà dans l'évolution a été coalescence – influencement mutuel à partir du dedans de chaque élément, interpénétration. « Cette interpénétration psychique grandit, et elle devient directement perceptible entre êtres organisés. Dans l'Homme, finalement, chez qui les effets de conscience atteignent dans la Nature leur actuel maximum, elle est partout extrême, partout lisible dans le Phénomène social, et par nous du reste directement sentie [4]. »

Même dans l'homme certes, l'interpénétration opère « sous

1. *Ibid.*, p. 237-238.
2. *Ibid.*, p. 238.
3. *Ibid.*
4. *Ibid.*, p. 239.

certaines conditions de rapprochement spatial[1] ». Sur la terre ronde il y a d'abord eu « expansion des vagues humaines sur la superficie du globe ». « Puis, à partir du Néolithique… ces vagues ont commencé à refluer sur elles-mêmes. Tout l'espace libre étant occupé, il a bien fallu aux occupants se serrer davantage. Et c'est ainsi que, d'étape en étape, sous le simple effet multipliant des générations, nous en sommes arrivés à la solution présente, se constituer ensemble une masse presque solide de substance hominisée[2]. »

L'effet de ce rapprochement, de cette concentration, c'est ce que Teilhard par métaphore appelle un « réchauffement de l'esprit ». Nous parlerions peut-être aujourd'hui de communication. Teilhard écrit : « À mesure que, sous l'effet de cette pression, et grâce à leur perméabilité psychique, les éléments humains rentraient davantage les uns dans les autres, leur esprit (mystérieuse coïncidence…) s'échauffait par rapprochement. Et comme dilatés sur eux-mêmes, ils étendaient peu à peu chacun le rayon de leur zone d'influence sur une Terre qui, par le fait même, s'en trouvait toujours plus rapetissée. Que voyons-nous en effet se produire, dans le paroxysme moderne ? On l'a déjà fait bien des fois remarquer. Par découverte, hier, du chemin de fer, de l'automobile, de l'avion, l'influence physique de chaque homme, réduit jadis à quelques kilomètres, s'étend maintenant à des centaines de lieues. Bien mieux : grâce au prodigieux événement biologique représenté par la découverte des ondes électromagnétiques, chaque individu se trouve désormais (activement et passivement) simultanément présent à la totalité de la mer et des continents – coextensif à la Terre. Ainsi non seulement par augmentation incessante du nombre de ses membres, mais par augmentation continuelle aussi de leur aire d'activité individuelle, l'Humanité, assujettie qu'elle est à se développer en surface fermée, se trouve irrémédiablement soumise à une pression formidable – pression sans cesse accrue par son jeu même : puisque chaque degré de plus dans le

1. *Le Phénomène humain*, p. 239.
2. *Ibid.*, p. 240.

resserrement n'a d'autre effet que d'exalter un peu plus l'expansion de chaque élément [1]. »

Il y a, d'autre part, pour Teilhard, « coalescence des rameaux ». L'évolution biologique, la différenciation donc, continue, mais les lignées humaines ont la curieuse propriété « d'entrer en contact et de se mélanger, notamment par leur gaine de psychisme et d'institutions sociales [2] ». « Visiblement, dit encore Teilhard, dans l'Homme la différenciation anatomique d'un type primitif suit son cours, comme partout dans l'Évolution. Par effets génétiques, des mutations se produisent. Par influences climatiques et géographiques, des variétes, des races, se dessinent. Somatiquement parlant, l'"éventail" est là, continuellement en formation, parfaitement reconnaissable. Et pourtant, fait remarquable, ses branches divergentes ne réussisent plus à se séparer. Dans des conditions d'étalement où tout autre phylum initial serait depuis longtemps dissocié en espèces distinctes, le verticille humain, lui, s'épanouit, "entier", comme une famille gigantesque, où les nervures, si distinctes soient-elles, demeurent toujours jointes dans un tissu commun. Interfécondation indéfinie, à tous les degrés. Brassage de gènes. Anastomose des races en civilisations et corps politiques. Zoologiquement considérée, l'Humanité nous présente le spectacle unique d'une "espèce" capable de réaliser ce à quoi avait échoué toute autre espèce avant elle : non pas simplement être cosmopolite – mais couvrir, sans se rompre, la terre d'une seule membrane organisée [3]. »

Teilhard donne ensuite de ce fait cette explication qui le conduit jusqu'à l'idée d'une très particulière « confluence » des hommes – pas par simple agglomération fonctionnelle comme chez certains animaux : « À la base de l'événement, ici encore, les limites étroites de la Terre, sur laquelle se recourbent et se rapprochent, de par leur poussée même, comme les tiges serrées d'un lierre, les rameaux vivants. Mais ce contact extérieur avait

1. *Ibid.*
2. *Ibid.*, p. 241.
3. *Ibid.*, p. 241-242.

été, et il serait demeuré toujours insuffisant pour aller jusqu'à une conjonction, sans le nouveau liant conféré au Biote humain par la naissance de la Réflexion. Jusqu'à l'Homme, le plus qu'avait pu réaliser la vie, en matière d'association, avait été de rassembler socialement sur elles-mêmes, une par une, les extrémités les plus fines d'un même phylum. Groupements essentiellement mécaniques et familiaux réalisés sur un geste purement "fonctionnel" de construction, de défense, ou de propagation. La colonie, la Ruche. La fourmilière. Tous organismes à pouvoir de rapprochement limité aux produits d'une seule mère. À partir de l'Homme, grâce au cadre ou support *universels* fournis par la Pensée, libre essor est donné aux forces de confluence. Au sein de ce nouveau milieu, les rameaux eux-mêmes d'un même groupe arrivent à se rejoindre. Ou plutôt ils se soudent entre eux avant même d'avoir achevé de se séparer. De la sorte, au cours de la phylogenèse humaine, la différenciation des groupes se trouve conservée jusqu'à un certain point – c'est-à-dire dans la mesure où, en créant par tâtonnement des types nouveaux, elle est une condition biologique de découverte et d'enrichissement. Mais ensuite (ou en même temps), comme il arrive sur une sphère où les méridiens ne jaillissent en s'écartant d'un pôle que pour se rejoindre au pôle opposé, cette divergence fait place et se subordonne à un mouvement de convergence, où races, peuples et nations se consolident et s'achèvent par mutuelle fécondation [1]. »

Unification.

Est à l'œuvre, à l'opposé des forces de dispersion, un processus d'unification. Et pourquoi ce processus d'unification ? Parce que c'est un processus de montée de la conscience – déjà observé tout au long de l'évolution. « Montée de la conscience = Effet d'union », dit Teilhard. « Méga-synthèse,

1. *Le Phénomène humain*, p. 242-243.

dit-il encore, “super-management”, auquel tous les éléments pensants de la terre se trouvent aujourd’hui individuellement et collectivement soumis. » L’issue du monde n’est donc pas dans l’isolement, quelque Surhomme individuel, elle est dans un phénomène collectif *(social).* « Les portes de l’Avenir ne céderont qu’à une poussée de tous ensemble, dans une direction où tous ensemble peuvent se rejoindre et s’achever dans une rénovation spirituelle de la Terre [1]. »

On a depuis deux siècles commencé à parler d’humanité, certes une « entité encore vague, éprouvée plus que raisonnée [2] ». Mais les choses avancent : « Au regard des “prophètes” du XVIIIe siècle, le monde ne présentait en réalité qu’un ensemble de liaisons confuses et lâches. Et il fallait vraiment la divination d’un croyant pour sentir battre le cœur de cette sorte d’embryon. Or, après moins de deux cents ans, nous voici, presque sans nous en rendre compte, engagés dans la réalité, au moins matérielle, de ce que nos pères attendaient. Autour de nous, en l’espace de quelques générations, toutes sortes de liens économiques et culturels se sont noués, qui vont se multipliant en progression géométrique. Maintenant, en plus du pain qui symbolisait, dans sa simplicité, la nourriture d’un Néolithique, tout homme exige, chaque jour, sa ration de fer, de cuivre et de coton – sa ration d’électricité, de pétrole et de radium – sa ration de découvertes, de cinéma et de nouvelles internationales. Ce n’est plus un simple champ, si grand soit-il – c’est la Terre entière qui est requise pour alimenter chacun d’entre nous. Si les mots ont un sens, n’est-ce pas comme un grand corps qui est en train de naître – avec ses membres, son système nerveux, ses centres percepteurs, sa mémoire –, le corps même de la grande Chose qui devait venir pour combler les aspirations suscitées en l’être réfléchi par la conscience, fraîche acquise, qu’il était solidaire et responsable d’un Tout en évolution ? En fait, par la logique même de notre effort pour coordonner et organiser les lignes du monde, c’est bien à des

---

1. *Ibid.*, p. 245.
2. *Ibid.*

perspectives rappelant l'intuition initiale des premiers philanthropes que, par l'élimination des hérésies individualiste et raciste, notre pensée se trouve ramenée. Pas d'avenir évolutif à attendre pour l'homme en dehors de son association avec tous les autres hommes [1]. »

L'humanité en gestation, dit alors Teilhard, c'est spécialement, par-delà « son corps de constructions tangibles », un « Esprit ». « Pouvoir ou acte commun de connaître et d'agir » – la Science. Mais aussi, degré bien supérieur encore, une âme commune. « Super-agrégation organique des âmes » – « Unanimité ». Esprit-société. C'est ce dernier aspect des choses qui est décisif, selon Teilhard : « Plus profonde que l'Acte commun de vision où elle s'exprime, plus importante que la Puissance commune d'action dont elle émerge par une sorte d'auto-naissance, il y a, et il faut envisager, la Réalité elle-même constituée par la réunion vivante des particules réfléchies. Qu'est-ce à dire sinon ceci (chose toute vraisemblable) que l'Étoffe de l'Univers, en devenant pensante, n'a pas encore achevé son cycle évolutif – et que, par suite, nous marchons vers quelque nouveau point critique, en avant. Malgré ses liaisons organiques, dont l'existence nous est apparue partout, la Biosphère ne formait encore qu'un assemblage de lignes divergentes, libres aux extrémités. Sous l'effet de la Réflexion, et des reploiements que celle-ci entraîne, les chaînes se ferment ; et la Noosphère tend à se constituer en un seul système clos – où chaque élément pour soi voit, sent, désire, souffre les mêmes choses que tous les autres à la fois. Une collectivité harmonisée des consciences, équivalente à une sorte de super-conscience. La Terre non seulement se couvrant de grains de Pensée par myriades, mais s'enveloppant d'une seule enveloppe pensante, jusqu'à ne plus former fonctionnellement qu'un seul vaste Grain de pensée, à l'échelle sidérale. La pluralité des réflexions individuelles se groupant et se renforçant dans l'acte d'une seule Réflexion unanime. Telle est la figure générale sous laquelle, par analogie et par symétrie avec le passé, nous sommes conduits

1. *Le Phénomène humain*, p. 245-246.

scientifiquement à nous représenter dans l'avenir cette Humanité hors de laquelle nulle issue terrestre ne s'ouvre aux exigences terrestres de notre Action [1]. »

Teilhard parle un peu plus loin de la « nature hyper-organique des liens sociaux ». Il s'agit de la société mais de la société qui est ou qui devient *esprit* commun. « Un domaine nouveau d'expansion psychique, dit-il : voilà ce qui nous manque, et ce qui est juste devant nous, si seulement nous levions les yeux. La paix dans la conquête, le travail dans la joie : ils nous attendent, au-delà de tout empire opposé à d'autres empires, dans une totalisation intérieure du Monde sur lui-même – dans l'édification unanime d'un Esprit de la Terre [2]. »

C'est lent, c'est bien ainsi.

Que nous sommes loin cependant d'y accéder, poursuit Teilhard. Nous sommes bien plus occupés à borner nos frontières les uns à l'encontre des autres [3]. Même, nous sommes pris de scepticisme et de découragement [4].

Mais Teilhard cherche à vaincre en nous ce découragement. « Parler déjà d'expérience – de résultats d'expériences – en pareille matière, est certainement prématuré. Comment : un demi-million, un million d'années peut-être, ont été nécessaires à la Vie pour passer des Préhominiens à l'Homme moderne ; – et parce que, moins de deux siècles après avoir entrevu au-dessus de lui un état encore plus haut, cet Homme moderne est encore en train de lutter pour se dégager de lui-même, nous commencerions déjà à désespérer ! Erreur de perspective, ici encore. C'est avoir fait un premier pas que de comprendre l'immensité autour, en arrière et en avant de nous. Mais si à cette perception de la profondeur ne s'ajoute pas celle de la Lenteur, comprenons

1. *Ibid.*, p. 251-252.
2. *Ibid.*, p. 253.
3. *Ibid.*
4. *Ibid.*, p. 255.

donc bien que la transposition des valeurs demeure incomplète, et qu'elle ne peut engendrer pour notre regard qu'un Monde impossible, à chaque dimension son rythme. Et donc, à mouvement planétaire, majesté planétaire. L'Humanité ne nous paraîtrait-elle pas immobile si, derrière son Histoire, ne se profilait toute la durée de la Préhistoire ? Pareillement, et malgré une accélération presque explosive de la Noogenèse à notre niveau, nous ne saurions nous attendre à voir la Terre se transformer sous nos yeux en l'espace d'une génération. Calmons notre impatience et rassurons-nous. En dépit de toutes apparences contraires, l'Humanité peut très bien avancer (à de nombreux signes même nous pouvons raisonnablement conjecturer qu'elle avance) autour de nous en ce moment : mais, si elle le fait, ce ne saurait être qu'à la manière des très grandes choses, c'est-à-dire presque insensiblement [1]. »

Les menaces, les déviations.

C'est lent, c'est bien. Teilhard admet en même temps un énorme risque de déviation, de « matérialisation » – d'esclavage. « À aucun âge de l'Histoire, l'Humanité n'a été aussi bien équipée, et n'a fait autant d'efforts pour ordonner ses multitudes. "Mouvements de masses". Non plus les hordes descendues en fleuves, des forêts du Nord et des steppes de l'Asie. Mais "le million d'hommes", comme on a si bien dit, scientifiquement assemblé. Le Million d'hommes en quinconce, sur les champs de parade. Le Million d'hommes standardisé à l'usine. Le Million d'hommes motorisé… Et tout ceci n'aboutissant, avec le Communisme et le National-Socialisme, qu'à la plus effroyable des mises en chaîne ! Le cristal au lieu de la cellule. La termitière au lieu de la Fraternité. Au lieu du sursaut escompté de conscience, la mécanisation qui émerge inévitablement, semblerait-il, de la totalisation [2]. »

---

1. *Le Phénomène humain*, p. 255-256.
2. *Ibid.*, p. 257-258.

« *Eppur si muove* », dit alors malgré tout Teilhard, reprenant le mot de Galilée. « En présence d'une aussi profonde perversion des règles de la Noogenèse, je tiens que notre réaction ne doit pas être de désespérer – mais de nous réexaminer. Quand une énergie devient folle, l'ingénieur, loin d'en remettre en question la puissance, ne reprend-il pas simplement ses calculs afin de trouver comment la mieux diriger ? Pour être aussi monstrueux, le totalitarisme moderne ne doit-il pas déformer une chose bien magnifique, et être bien proche de la vérité ? Impossible d'en douter : la grande machine humaine est faite pour marcher – et elle *doit* marcher –en produisant une surabondance d'Esprit. Si elle ne fonctionne pas, ou plutôt si elle n'engendre que de la Matière, c'est donc qu'elle travaille à rebours [1]. »

La socialisation est non moins personnalisation.

La cause du mal, dit Teilhard, c'est que dans nos théories et dans nos actes, nous avons négligé de faire place à la Personne et aux forces de Personnalisation [2]. Et il commence à expliquer que personnalisation ne s'oppose pas à socialisation, que la vraie socialisation est au contraire hyperpersonnalisante. « À l'inverse des "primitifs" qui donnent un visage à tout ce qui bouge – ou même des premiers Grecs, qui divinisaient toutes les faces et toutes les forces de la Nature, l'Homme moderne est obsédé par le besoin de dépersonnaliser (ou d'impersonnaliser) ce qu'il admire le plus. Deux raisons à cette tendance. La première est l'Analyse – ce merveilleux instrument de recherche scientifique, auquel nous devons tous nos progrès, mais qui, de synthèse en synthèse dénouées, laisse échapper l'une après l'autre toutes les âmes, et finit par nous laisser en présence d'une pile de rouages démontés et de particules évanescentes. – Et la seconde est la découverte du monde sidéral, objet tellement

---

1. *Ibid.*, p. 258.
2. *Ibid.*

vaste que toute proportion paraît abolie entre notre être et les dimensions du cosmos autour de nous. – Capable de réussir et de couvrir à la fois cet Infime et cet Immense, une seule réalité semble subsister : l'Énergie, entité flottante universelle, d'où tout émerge, comme dans un Océan. L'Énergie, le nouvel Esprit. L'Énergie, le nouveau Dieu. À l'Oméga du Monde, comme à son Alpha, l'Impersonnel. Sous l'influence de ces impressions, on dirait que nous avons perdu, avec l'estime de la Personne, le sens même de sa véritable nature. Être centré sur soi, pouvoir dire : "je", finissions-nous par admettre, est le privilège (ou plutôt la tare) de l'élément, dans la mesure où celui-ci, se fermant au reste, parvient à se constituer aux antipodes du Tout. Suivant la direction inverse, tirant vers le Collectif et l'Universel, dans le sens de ce qui est le plus réel et le plus durable au Monde, l'"ego", pensons-nous, décroît et s'annule. Personnalité, propriété spécifiquement corpusculaire et éphémère – prison dont il faut chercher à s'évader... [1]. »

Hyper-personnalisation.

Or, dit Teilhard, « si l'on essaie de pousser jusqu'au bout, comme je le tente dans cet essai, la logique et la cohérence des faits », c'est à la perspective exactement contraire, à une perspective personnalisante que l'on aboutit nécessairement. « L'évolution, avons-nous reconnu et admis, est une montée vers la Conscience. Ceci même n'est plus contesté par les plus matérialistes, ou du moins par les plus agnostiques des humanitaires. Elle doit donc culminer en avant dans quelque Conscience suprême. Mais cette Conscience, justement pour être suprême, ne doit-elle pas porter en soi au maximum ce qui est la perfection de la nôtre : le reploiement illuminateur de l'être sur soi ? Prolongeant vers un état diffus la source de l'Hominisation, erreur manifeste ! C'est uniquement vers une hyper-réflexion, c'est-à-dire une hyper-personnalisation, que la Pensée

1. *Le Phénomène humain*, p. 258-259.

peut s'extrapoler. Autrement, comment pourrait-elle emmagasiner nos conquêtes qui se font toutes dans le Réfléchi ? Nous reculons, au premier choc, devant l'association d'un Ego avec qui est Tout. Entre les deux termes la disporportion nous paraît éclatante – presque risible. C'est que nous n'avons pas assez médité la triple propriété que possède chaque conscience : 1) de tout centrer partiellement autour de soi ; 2) de pouvoir sur soi se centrer toujours davantage ; et 3) d'être amenés, par cette sur-centration même, à rejoindre tous les autres centres qui l'entourent [1]. »

« Loin de s'exclure, ajoute Teilhard, Universel et Personnel (c'est-à-dire “Centre”) croissent dans le même sens et culminent l'un dans l'autre en même temps. Erreur, donc, de chercher du côté de l'Impersonnel les prolongements de notre être et de la Noosphère. “Universel-Futur” ne saurait être que de l'hyper-personnel – dans le point Oméga [2]. » Comme c'est une erreur de chercher du coté de l'isolement, du surhomme, de la sur-personne.

La totalisation n'est pas une visée de conscience morte.

Teilhard éprouve toutefois le besoin de préciser encore cette relation de la personnalisation et de la totalisation. N'y aurait-il qu'accumulation d'objets culturels morts, par exemple ? « En Oméga, par définition, s'additionne et se ramasse, dans sa fleur et son intégrité, la quantité de conscience peu à peu dégagée sur Terre par la Noogenèse. Ce point est acquis. Mais que signifient-ils au juste, et qu'entraînent-ils, ces mots, en apparence tout simples, d'“addition de conscience” ? À entendre parler les disciples de Marx, il semblerait que ce fût assez à l'Humanité, pour grandir et pour justifier les renoncements qu'elle nous impose, de recueillir les acquisitions successives que, en mourant, nous lui abandonnons chacun : nos idées, nos

1. *Ibid.*, p. 259-260.
2. *Ibid.*, p. 261.

découvertes, nos créations d'art, notre exemple. Tout cet impérissable n'est-il pas le meilleur de notre être ? Réfléchissons un peu. Et nous verrons que pour un Univers admis, par hypothèse, comme "collecteur et conservateur de Conscience", l'opération, si elle se bornait à recueillir ces dépouilles, ne serait qu'un affreux gaspillage. Ce qui par inventions, éducation, diffusion de toutes sortes, émane de chacun de nous et passe dans la masse humaine a une importance vitale : j'ai suffisamment cherché à mettre en lumière sa valeur phylétique pour qu'on ne me soupçonne pas de la minimiser. Mais, ce point bien assuré, force m'est aussi de reconnaître que dans cet apport à la collectivité, loin de communiquer le plus précieux, nous n'arrivons à transmettre aux autres, dans les cas les plus favorables, que l'ombre de nous-mêmes. – Nos œuvres ? Mais quelle est, dans l'intérêt même de la vie générale, l'œuvre des œuvres humaines, sinon l'établissement, par chacun de nous en soi, d'un centre absolument original, où l'Univers se réfléchit d'une manière unique, inimitable : notre moi, notre personnalité, tout justement ? Plus profond que tous ses rayons, le foyer même de notre conscience : voilà l'essentiel qu'il s'agit pour Oméga de récupérer pour être vraiment Oméga. Or de cet essentiel nous ne pouvons évidemment pas nous défaire pour les autres comme nous donnerions un manteau ou passerions un flambeau : puisque nous sommes la flamme. Pour se communiquer, mon moi doit subsister dans l'abandon qu'il fait de soi : autrement le don s'évanouit. – D'où cette conclusion inévitable que la concentration d'un Univers conscient serait impensable si, en même temps que tout *le* Conscient, elle ne rassemblait en soi toutes *les* Consciences : chacune de celles-ci demeurant consciente d'elle-même au terme de l'opération – et même, ce qu'il faut bien comprendre, chacune devenant d'autant plus soi, et donc plus distincte des autres, qu'elle s'en rapproche davantage en Oméga. Non seulement conservation, mais exaltation des éléments par convergence. » L'une des plus belles pages de Teilhard [1].

1. *Le Phénomène humain*, p. 262-263.

Complexité-conscience. L'union différencie.

« Quoi de plus simple, en vérité, ose-t-il ajouter, et quoi de plus conforme à tout ce que nous savons ? » C'est qu'en effet Teilhard a tout au long fait apparaître la conjonction du progrès de la complexité et de celui de la conscience. Il s'en explique à nouveau : « En n'importe quel domaine – qu'il s'agisse des cellules d'un corps, ou des membres d'une société, ou des éléments d'une synthèse spirituelle –, l'Union différencie. Les parties se perfectionnent et s'achèvent dans tout ensemble organisé. C'est pour avoir négligé cette règle universelle que tant de Panthéismes nous ont égarés dans le culte d'un Grand tout où les individus étaient censés se perdre comme une goutte d'eau, se dissoudre comme un grain de sel, dans la mer. Appliquée au cas de la sommation des consciences, la Loi de l'Union nous débarrasse de cette périlleuse et toujours renaissante illusion. Non, en confluant suivant la ligne de leurs centres, les grains de conscience ne tendent pas à perdre leurs contours et à se mélanger. Ils accentuent au contraire la profondeur et l'incommunicabilité de leur ego. Plus ils deviennent, tous ensemble, l'Autre, plus ils se trouvent "soi". Comment en serait-il autrement, puisqu'ils s'enfoncent en Oméga ? – Un Centre pourrait-il dissoudre ? Ou plutôt sa manière à lui de dissoudre n'est-elle pas justement de supercentrer[1] ? »

Un centre au cœur d'un système de centres.

Teilhard peut conclure : « Ainsi, sous l'influence combinée de deux facteurs : l'immiscibilité essentielle des consciences et le mécanisme naturel de toute unification, la seule figure sous laquelle nous puissions correctement exprimer l'état final d'un Monde en voie de concentration psychique est un système dont l'unité coïncide avec un paroxysme de complexité harmonisée.

1. *Ibid.*, p. 263.

Il serait donc faux de se représenter simplement Oméga comme un Centre naissant de la fusion des éléments qu'il rassemble ou les annulant en soi. Par structure, Oméga, considéré dans son dernier principe, ne peut être qu'un *Centre distinct rayonnant au cœur d'un système de centres.* Un groupement où personnalisation du Tout et personnalisations élémentaires atteignent leur maximum, sans mélange et simultanément, sous l'influence d'un foyer d'union suprêmement autonome – telle est la seule image qui se dessine si nous essayons d'appliquer logiquement, jusqu'au bout, à un ensemble granulaire de pensées, la notion de collectivité [1]. »

L'amour, la convergence psychique sur soi de l'Univers.

Puis, Teilhard va encore faire un pas : si cette perspective de socialisation personnalisante est vraie, c'est que la synthèse des « centres » ou des personnes ne s'effectue pas autrement que par l'amour – qui va de centre à centre. « Pour que, sous l'influence créatrice de l'Union, les particules humaines se personnalisent vraiment, il suit de l'analyse qui précède qu'elles ne doivent pas se rejoindre n'importe comment. Puisque, en effet, il s'agit d'opérer une synthèse des centres, c'est de centre à centre qu'elles doivent entrer en contact mutuel, et pas autrement. Parmi les diverses formes d'interactivités psychiques animant la Noosphère, ce sont donc les énergies de nature "intercentrique" qu'il nous faut reconnaître, capter et développer avant toute autre si nous voulons concourir efficacement aux progrès en nous de l'Évolution. Et nous voici par le fait même ramenés au problème d'aimer [2]. » Nous avons déjà aperçu un trait semblable chez Gaston Fessard. Aimer, se fondre sans se fondre.

Sur l'amour, énergie fondamentale, Teilhard écrit : « Si, à un état prodigieusement rudimentaire sans doute, mais déjà naissant, quelque propension interne à s'unir n'existait pas,

1. *Le Phénomène humain*, p. 263-264.
2. *Ibid.*, p. 264-265.

jusque dans la molécule, il serait physiquement impossible à l'amour d'apparaître plus haut, chez nous, à l'état hominisé. En droit, pour constater avec certitude sa présence, au moins inchoative, dans tout ce qui est. Et en fait, à observer autour de nous la montée confluente des consciences, nous voyons qu'il ne manque nulle part. Platon l'avait déjà senti, et immortellement exprimé dans ses Dialogues. Plus tard, avec des penseurs comme Nicolas de Cues, la philosophie du Moyen Âge est revenue techniquement sur la même idée. Sous les forces de l'amour, ce sont les fragments du Monde qui se recherchent pour que le Monde arrive. En ceci, nulle métaphore – et beaucoup plus que de la poésie. Qu'elle soit force ou courbure, l'universelle gravité des corps, dont nous sommes tant frappés, n'est que l'envers ou l'ombre de ce qui meut réellement la nature. Pour apercevoir l'énergie cosmique “fontale”, il faut, si les choses ont un dedans, descendre dans la zone interne ou radiale des attractions spirituelles [1]. »

D'où cette définition de l'amour : « L'amour sous toutes ses nuances, n'est rien autre chose, ni rien moins, que la trace plus ou moins directe marquée au cœur de l'élément par la Convergence psychique sur soi-même de l'Univers [2]. » Et seule la dynamique d'amour – de centre à centre – peut faire échapper à la collectivisation massifiante et matérialisante. « Nous souffrons, écrit Teilhard, et nous nous inquiétons en constatant que les tentatives modernes de collectivisation humaine n'aboutissent, contrairement aux prévisions de la théorie et à notre attente, qu'à un affaissement et à un esclavage des consciences. Mais quel chemin avons-nous pris jusqu'ici pour nous unifier ? Une situation matérielle à défendre. Un nouveau domaine industriel à ouvrir. Des conditions meilleures pour une classe sociale ou pour des nations défavorisées... voilà les seuls et médiocres terrains sur lesquels nous ayons encore essayé de nous rapprocher. Quoi d'étonnant si, à la suite des sociétés animales, nous nous mécanisons par le jeu même de notre association !

1. *Ibid.*, p. 265-266.
2. *Ibid.*, p. 266.

Jusque dans l'acte suprêmement intellectuel d'édifier la Science (aussi longtemps du moins qu'il demeure purement spéculatif et abstrait) l'impact de nos âmes ne s'opère qu'obliquement, et comme de biais. Contact encore superficiel – et donc danger d'une servitude de plus [...] Seul l'amour, pour la bonne raison que seul il prend et joint les êtres par le fond d'eux-mêmes, est capable – c'est là un fait d'expérience quotidienne – d'achever les êtres, en tant qu'êtres, en les réunissant. À quelle minute en effet deux amants atteignent-ils la plus complète possession d'eux-mêmes sinon à celle où l'un dans l'autre ils se disent perdus ? En vérité, le geste magique, le geste réputé contradictoire de "personnaliser" en totalisant, l'amour ne le réalise-t-il pas à chaque instant, dans le couple, dans l'équipe, autour de nous ? Et ce qu'il opère ainsi quotidiennement à une échelle réduite, pourquoi ne le répéterait-il pas un jour aux dimensions de la Terre [1] ? »

Amour universel.

Mais n'est-ce pas utopique ? se reprend encore Teilhard. « Tout ce que peut faire un homme, n'est-il pas vrai, c'est de donner son affection à un ou à quelques rares êtres humains. Au-delà, dans un rayon plus grand, le cœur ne porte plus, et il ne reste de place que pour la froide justice et la froide raison. Tout et tous aimer : geste contradictoire et faux, qui ne conduit finalement qu'à n'aimer rien [2]. »

« Mais alors, répondrai-je, écrit-il, si, comme vous le prétendez, un amour universel est impossible, que signifie donc, dans nos cœurs, cet instinct irrésistible qui nous porte vers l'Unité chaque fois que, dans une direction quelconque, notre passion s'exalte ? Sens de l'Univers, sens du Tout : en face de la Nature, devant la Beauté, dans la Musique, la nostalgie qui nous prend – l'expectation et le sentiment d'une grande Présence. En

1. *Le Phénomène humain*, p. 266-267.
2. *Ibid.*, p. 267.

dehors des “mystiques” et de leurs analystes, comment se fait-il que la psychologie ait pu négliger autant cette vibration fondamentale dont le timbre, sous une oreille exercée, se distingue à la base, ou plutôt au sommet de toute grande émotion ? Résonance au Tout : note essentielle de la Poésie pure et de la pure Religion. Encore une fois que trahit ce phénomène, né avec la Pensée, et croissant avec elle, sinon un accord profond entre deux réalités qui se cherchent : la parcelle disjointe qui frémit à l'approche du Reste [1] ? »

Un amour universel, ajoute alors Teilhard, non seulement c'est chose psychologiquement possible, mais encore c'est la seule façon complète et finale dont nous puissions aimer [2].

Qu'attend cette virtualité puissante pour passer à l'acte ? « Ceci sans doute, tout simplement, que, surmontant le contexte “anti-personnaliste” qui nous paralyse, nous nous décidions à accepter la possibilité, la réalité, de quelque aimant et Aimable au sommet du Monde, au-dessus de nos têtes. Tant qu'il absorbe ou paraît absorber la personne, le Collectif tue l'amour qui voudrait naître. En tant que tel, le Collectif est essentiellement in-aimable. Et voilà où échouent les philanthropies. Le bon sens a raison. Il est impossible de se donner au Nombre Anonyme. Que l'Univers, par contre, prenne en avant, pour nous, un visage et un cœur, qu'il se personnifie, si l'on peut dire. Et aussitôt, dans l'atmosphère créée par ce foyer, les attractions élémentaires trouveront à s'épanouir. Et alors, sans doute, sous la pression forcée d'une Terre qui se referme, éclateront les formidables énergies d'attraction encore dormantes entre molécules humaines [3]. »

Or, on peut y croire, dit Teilhard, à cette existence d'un totalement Aimant et Aimable soutenant tous les Aimants. « L'idée qu'il se préparerait, au sommet du monde, quelque *âme des âmes*, n'est pas si étrangère qu'on pourrait croire aux vues

1. *Ibid.*, p. 267-268.
2. *Ibid.*, p. 268.
3. *Ibid.*

actuelles de la raison humaine [1]. » Et s'il doit exister, c'est qu'il a toujours existé : « Comment pourrait-il exercer cette action si, aimant et aimable, il ne l'était en quelque façon dès maintenant [2] ? »

Nous voici, il est vrai, débordant les vues de Teilhard sur la seule société, mais faisant voir que sa conception du social est une conception religieuse du social en même temps qu'elle est ancrée dans sa perception de la dynamique du monde, de la vie et de la pensée.

Harmoniques très concrètes.

La vision fondamentale de Teilhard a, d'autre part, pour harmoniques des vues sur le marxisme, sur les fascismes et sur un certain nombre d'aspects plus concrets de l'organisation sociale, dont l'économie, qui nous intéressent également, en comparaison des autres penseurs de la même époque… Il faut donc maintenant en faire aussi le tour. Je le fais en m'appuyant sur Pierre-Louis Mathieu, *La Pensée politique et économique de Teilhard de Chardin*, auquel je reprends aussi nombre de citations.

Sur le marxisme d'abord.

« Lu ce matin, dit Teilhard en 1919, la profession de foi soviétiste : ni Dieu ni Maître. Une seule haine : le Capital ; une seule loi : la Conscience ; une seule patrie : l'Univers ; une seule religion : l'Humanité. Tous pour tous. Et plus clairement que jamais, je me suis vu dans l'impossibilité d'anathématiser "*simpliciter*". Avec la négation du sommet divin que j'adore, c'est la foi en la base naturelle que je révère de tout mon être [3]. »

Et voici un autre propos majeur sur le communisme : « À mon

1. *Le Phénomène humain*, p. 270.
2. *Ibid.*
3. Pierre-Louis Mathieu, *La Pensée politique et économique de Teilhard de Chardin*, Éd. du Seuil, p. 54.

avis – nous sommes maintenant en 1933 et Teilhard est en Chine – c'est de plus en plus le communisme qui, [...] à l'heure actuelle, représente et monopolise la vraie croissance humaine. À prendre les mots avec leur signification purement psychologique, c'est le seul mouvement qui, en ce moment, "convertisse" [...] du plus grand – par enthousiasme et propagation spontanés et internes ; ici même, en Chine, ses "martyrs" ne se comptent plus. Encore une chose qu'il faudrait savoir regarder objectivement, mais sur laquelle les conventions de la presse "bourgeoise" nous aveuglent. Je rêverais d'une christianisation de la Terre par le baptême du communisme [1]. »

Quelques années plus tard, Teilhard se montre, il est vrai, plus critique : « L'excès du matérialisme historique [est de] ne voir dans l'humanité, que le développement de la gaine économique (communisme primitif, esclavage, capitalisme, socialisme), sans l'axe croissant de conscience (contrôlée et contrôlante). Accent mal placé [2]. » Dès 1937 il avait d'ailleurs écrit : « Dans le communisme, la foi en un organisme humain universel s'est trouvée, du moins aux origines, formidablement exaltée. On ne saurait trop le dire. Ce qui crée pour une élite la tentation du néo-marxisme russe, c'est bien moins son évangile humanitaire que sa vision d'une civilisation totalitaire, fortement reliée aux puissances cosmiques de la matière [...]. Une séduction réelle émane de cet enthousiasme pour les ressources et l'avenir de la terre. Aussi tous les faits démontrent-ils, depuis vingt ans, la mystérieuse puissance cachée dans l'évangile de Lénine. Aucun mouvement moderne n'a su créer (au moins par bouffées) une pareille atmosphère de nouveauté et d'universalité [...]. Cependant, dans le communisme l'idéal humain se trouve gravement lacunaire ou déformé. D'une part, dans sa réaction trop vive au libéralisme anarchique de la démocratie, le communisme en arrive à supprimer virtuellement la personne et [...] faire de l'homme un termite. D'autre part, dans son admiration mal équilibrée pour les puissances tangibles de l'univers, il a

1. Lettre, 9 décembre 1933.
2. Notes, 10 décembre 1945.

systématiquement fermé ses espérances aux possibilités d'une métamorphose spirituelle de l'univers. Le phénomène humain (essentiellement défini, nous l'avons vu, par le développement de la pensée) s'est dès lors trouvé réduit aux développements mécaniques d'une collectivité sans âme. La matière a voilé l'esprit. Un pseudo-déterminisme a tué l'amour. Absence de personnalisme, entraînant une limitation, ou même une perversion de l'avenir, et minant, par voie de conséquence, la possibilité et la notion même d'universalisme ; tels sont, beaucoup plus que tous les renversements économiques, les dangers du bolchevisme [1]. »

Et voici, à peu près, les positions définitives auxquelles a abouti Teilhard sur ce sujet majeur : « Chacun à sa façon, dit-il, et en directions divergentes, ils (le marxiste et le chrétien) croient avoir résolu, une fois pour toutes, l'ambiguïté du monde. Mais cette divergence, en réalité, n'est pas complète ni définitive, aussi longtemps du moins que, par un prodige d'exclusion inimaginable ou même contradictoire (parce que rien ne resterait plus de sa foi) le marxiste, par exemple, n'aura pas éliminé de son matérialisme toute force ascensionnelle vers l'esprit. Poussées au bout, les deux trajectoires finiront certainement par se rapprocher. Car, par nature, tout ce qui est foi monte ; et tout ce qui monte converge inévitablement [2]. » En même temps, « l'anxiété devant le communisme tient au caractère impersonnel, matériel de "l'Oméga" rouge ; mal placé, cet Oméga déforme la personnalité (la moralité des éléments qu'il agrège). Devant le communisme, c'est le personnel (le vrai évolutif) qui se contracte et se révolte en nous. Avec un "planétisme" insuffisant, c'est ce "personnel" qui est sauvé, essentiellement, par la Démocratie, et qui nous y fait sentir au large. Là gît la distinction vraie entre Communisme et Démocratie [3]. »

Peu avant la mort de Teilhard, c'est encore le même blocage, et la manifestation de la même exigence : « Du côté marxiste,

---

1. *Œuvres*, t. IX, p. 181.
2. 1947, *Œuvres*, t. V, p. 242.
3. Notes, 2 octobre 1945.

j'oserais dire que c'est l'Esprit de centration qui, très clairement, se cherche à travers l'effort "communiste" pour super-différencier l'Homme et super-organiser la Terre. Qui se cherche, je dis bien, mais qui n'arrivera à se trouver que lorsqu'à la superstructure du monde les théoriciens du Parti se décideront enfin à accorder la consistance finale encore réservée par eux à l'infrastructure matérielle des choses [1]. » Et finalement : « Une période d'euphorie et d'abondance – un Âge d'or – voilà, nous laisse-t-on entendre, tout ce que tiendrait en réserve pour nous l'Évolution. Et, devant un idéal aussi "bourgeois", il est juste que notre cœur défaille. À l'encontre de ce matérialisme et de ce naturalisme proprement "paiens" il devient urgent de rappeler, une fois de plus que, si les lois de la Biogenèse supposent et entraînent effectivement par nature une amélioration économique des conditions humaines, ce n'est pas cependant une question de bien-être, mais une soif de plus-être qui, seule, de nécessité psychologique, peut sauver la Terre pensante du *taedium vitae* [2]. » Quel grand débat, peut-on dire.

Les fascismes.

Devant les fascismes Teilhard a connu aussi des hésitations, a noté J. M. Domenach dans un article de la revue *Esprit* en mars 1963. Un peu, oui, dirai-je, peut-être pas tellement en vérité cependant. En effet, a-t-il écrit un jour de 1933 quand Hitler devint chancelier d'Allemagne : « Je hais les nationalismes, et leurs patentes régressions vers le passé. Mais je suis vivement intéressé par le primat qu'ils accordent au collectif. La passion pour la "race" représenterait-elle une première ébauche de l'Esprit de la Terre [3] ? » Dès 1936, cependant, on lit au contraire, dans une autre lettre : « Je crains de sentir que les fascismes n'ont pas l'esprit de progrès – et je m'effraie de les voir attirer à

1. 1950, *Œuvres*, t. VII, p. 233-234.
2. 1952, *Œuvres,* t. V, p. 394-395.
3. Lettre, dans E. Rideau, *La Pensée du père Teilhard de Chardin*, Éd. du Seuil, 1965, p. 309-310.

eux, instinctivement, tous les éléments fixistes (défaitistes) du Monde. Mauvais symptôme : qui se ressemble s'assemble [1]. »

À plusieurs reprises, Teilhard distingue aussi entre fascisme et communisme, dans le cadre d'un débat courant. En 1946 il dit : « Je crains qu'on n'en vienne à identifier, pour des raisons "fixistes", Christianisme et Fascisme, et à voir comme d'habitude le diable dans les "fronts populaires". Pour moi, mon choix est fait depuis longtemps. J'appartiens à la fraction "espérance" de l'Humanité. Et si je me défie instinctivement des fascistes, c'est parce qu'ils me paraissent systématiquement limités dans leurs espérances humaines (tout précisément comme un certain christianisme officiel – et c'est en cela précisément que l'un et l'autre se rejoignent). Ils réalisent certains progrès. Mais ils n'ont pas "l'esprit de progrès". Tout cela finira peut-être par une énorme synthèse dans laquelle l'ordre fasciste se trouvera animé par l'élan si improprement appelé "communiste" [2]. » Il avait dit, plus brièvement, dix ans plus tôt : « On ne m'enlèvera pas de la tête que le communisme est le plus chrétien des deux, et le plus riche d'avenir ; et c'est lui qu'on anathématise sans discernement. Qui rendra à l'Église le sens de la Terre [3] ? »

L'enseignement à tirer de l'échec du fascisme, a dit d'autre part Teilhard, « c'est que dans la mesure où ces premiers essais ont paru nous incliner dangereusement vers un régime ou un état infra-humain de fourmilière ou de termitière, ce n'est pas le principe même de la totalisation qui est en faute, mais seulement la façon maladroite et incomplète dont il a été appliqué [4] ». La différence, il est vrai, de la termitière et de ce qu'envisage Teilhard est insurmontable !

1. Lettre, 15 septembre 1936.
2. Lettre, 21 août 1946.
3. Lettre, 16 mai 1936.
4. 1945, *Œuvres*, t. V, p. 151.

Critique de la démocratie libérale, individualiste.

Essayons d'approcher, d'autre part, son point de vue sur les régimes libéraux, sur leur individualisme. Teilhard redoute très tôt le progrès de l'individualisme. « Chaque monade se repliant jalousement en soi, et prétendant s'assujettir toutes les autres, leur foule se dissocie et s'éparpille, a-t-il écrit dès 1917. L'orgueil, l'égoïsme sont les dissolvants par excellence de l'unité, et donc de la spiritualité à venir [...] Les monades, isolées, commencèrent à se haïr, à se disputer la première place, à s'enivrer d'indépendance et d'égalité [...] Comme une eau limpide arrivée au terme de sa course, le jet de la Vie perdit sa belle transparence ; et depuis lors il s'éparpille en gouttes, et bientôt en poussière, qui fatalement retombent [1]. »

À peu d'années de distance, après la Première Guerre mondiale à laquelle il a pris part dans les tranchées, il exhale à nouveau ainsi la même plainte : « Un instant mûs, unis, grandis dans une défense commune, les hommes, aussitôt que l'étreinte du danger s'est relâchée, sont revenus à leur éparpillement égoïste et jaloux. Beaucoup de vice, beaucoup d'exploitation éhontée, beaucoup d'utilitarisme et, au-dessous de tout cela, un dégoût profond et révolté pour tant de mal inutilement subi ou causé, tel est, paraît-il, le triste bilan de la guerre [2]. »

Le diagnostic est sévère, semblablement, en 1939 – il s'agit cette fois plus expressément des régimes démocratiques libéraux – : « Il serait vain pour les Démocrates de rêver plus longtemps [...] un de ces mondes inachevés et ambigus où les peuples, sans s'aimer, mais fidèles à je ne sais quelle justice statique, respecteraient docilement leurs frontières, sans mieux se connaître que des étrangers vivant sur le même palier. Bien plus que la menace permanente d'une guerre suspendue sur nos têtes, ne serait-ce pas l'équivoque de cette situation qui a fait détonner l'Europe ? [...] Que nous le voulions ou non, l'âge des pluralismes tièdes est définitivement passé. Ou bien un seul

1. « La lutte contre la multitude », 1917.
2. « Terre promise », 1919.

peuple arrivera à détruire et à absorber tous les autres. Ou bien tous les peuples s'associeront en une âme commune, afin d'être plus humains [1]. » Et après la Seconde Guerre mondiale, il réclame : « liberté, égalité, fraternité, non plus indéterminées, amorphes et inertes – mais dirigées, orientées, dynamisées, par l'apparition d'un mouvement de fond qui les sous-tende et les supporte » ! La ligne est vraiment constante.

Capitalisme.

Le jugement sur le capitalisme est très proche en fait de ce jugement sur les démocraties : « Le Capitalisme a dégénéré en Religion de l'Argent. L'Argent devenu le terme de l'effort, le dieu du bien-être (ou, chez les meilleurs, l'Ersatz du plus-être)… ». De même : « Ce qui domine, chez les Américains, c'est l'intérêt passionné pour le présent. Ils vivent dans l'instant, ce qui leur permet d'obtenir des réalisations techniques étonnantes, d'être à l'avant-garde de toutes sortes de techniques et, de ce point de vue, de mener le monde […]. Mais ils manquent de “vision” : l'avenir compte explicitement fort peu pour eux. Leur philosophie courante est un paganisme au sens classique du terme : profiter immédiatement des biens de la terre. D'où chez eux une certaine mélancolie, comme dans tout paganisme. Une des conditions de la joie, c'est l'espérance, qui suppose la pensée de l'avenir. De là aussi la difficulté qu'ils éprouvent à équilibrer les Russes, qui ont plus de “vision” qu'eux : leur paganisme est béat, celui des Russes est messianique [2]. »

Cependant : « L'usage de l'argent ne doit pas être dominé par la justice distributive (principe des vases communicants !) mais par l'utilisation de la force vive de l'argent [3]. » Et « une économie de distribution n'est possible que si elle se découvre un But, un Objet, représentant une Conquête, un Intérêt

1. 1939, *Œuvres*, t. VII, p. 25.
2. Déclaration à Robert Barrat, 1950.
3. Lettre, 22 novembre 1936.

pour l'Homme, même "moyen" [1] ». Il faut un véritable idéal comunautaire pour dépasser le capitalisme.

Planification, organisation.

Teilhard s'est montré d'autre part, à plusieurs reprises, sensible à l'idée d'« organisation » qui occupait alors, comme telle, un très vaste champ. Il écrit en 1946 à propos de la Construction de la première bombe atomique (Projet Manhattan) : « Pour la première fois dans l'histoire, par suite de la conjonction non fortuite entre une crise d'ampleur mondiale et un progrès inouï des moyens de communication, un effort scientifique "planné", employant comme unité la centaine, et même le millier d'hommes, venait de se réaliser. Et le résultat ne s'est pas fait attendre [...]. La plus grande découverte jamais faite par l'homme était justement celle où le plus grand nombre d'intelligences eussent jamais eu la possibilité de s'associer en un seul organisme, à la fois plus compliqué et plus centré, pour la recherche [2]. »

« Deux idéologies, a-t-il aussi écrit, se trouvent en présence : une idéologie matérialiste se définissant ainsi : *l'organisation est tout*, c'est-à-dire seul le foyer n° 1 est vraiment intéressant et réel, le foyer de conscience est secondaire. Cette perspective, qui me semble être au fond celle des marxistes, me paraît absolument insuffisante pour résoudre le problème. Elle ne décide pas de la direction à suivre : le maximum d'organisation n'est pas une direction, ce n'est pas forcément la marche vers l'optimum. Si l'on met tout dans l'organisation, l'individu sent qu'il compromet quelque chose d'essentiel. Le fait de placer tout le problème humain dans l'organisation nous mène à une mort totale, inévitable, car, plus l'arrangement est compliqué, plus il devient instable, réversible. L'homme individuel ne marche que dans une direction irréversible, sinon il perd le goût d'agir qui est la suprême mesure de la technique. L'*idéologie spiritualiste*,

1. Notes, 3 août 1946.
2. 1946, *Œuvres*, t. V, 183.

elle, déclare : des deux foyers, c'est le spirituel le plus important et qui contrôle l'autre. »

Guerre.

Teilhard est fameux encore pour ses mots sur la guerre – qu'encore une fois il a vécue dans la fraternité des soldats. Ces mots réalistes : « Il serait prématuré de supprimer immédiatement les vigoureuses, bien que trop brutales, expressions de la force guerrière. Nous avons encore besoin de canons de plus en plus forts, de *dreadnoughts* (cuirassés) de plus en plus gros pour matérialiser notre agression au Monde [1]. » Ou bien : « La guerre est un phénomène organique d'anthropogenèse que le christianisme ne peut pas plus supprimer que la mort [2]. »

Pourtant, au début de la Seconde Guerre mondiale il s'est élevé avec véhémence contre la prétention des nations axistes d'imposer au monde leur système par la guerre : « C'est contre cet idéal sauvage que, spontanément, nous nous sommes levés. C'est pour éviter la servitude que nous avons dû avoir recours, nous aussi, à la Force. C'est pour détruire le "droit divin" de la Guerre que nous nous battons [3]. »

Il hésitait certes, sans doute, car, à nouveau, en 1953, il écrivait : « Il n'y a aucun principe constructeur dans la doctrine de la "non-violence" – aucune foi, et donc aucun dynamisme. La non-violence est simplement la face négative de l'unanimité. Et l'unanimité ne peut résulter que de la passion commune pour quelque réalité ou réalisation suprême [4]. » On ne fait en tout cas la paix qu'au moyen d'un véritable idéal constructeur : « Il n'y aura de vraie paix que lorsque tous les hommes se seront entendus, au moins en première approximation, sur ce que nous devons attendre et espérer d'un avenir sur la Terre [5]. »

Voici son jugement après les premières bombes atomiques et

1. « Mon univers », 1924, *Œuvres*, t. IX, p. 111.
2. Notes, 2 mars 1945.
3. « L'heure de choisir », 1939, *Œuvres*, t. VII, p. 22.
4. Lettre, 21 janvier 1953.
5. *Lettres de voyage*, 20 janvier 1941, p. 270.

les premières explosions expérimentales suivant ces lâchers : « On nous dit que, enivrés par sa force, l'humanité court à sa perte – qu'elle va se brûler au feu imprudemment allumé par elle. Il me semble au contraire que, par la bombe atomique, c'est la guerre qui peut se trouver à la veille d'être doublement et définitivement tuée. Tuée d'abord (ccla, chacun d'entre nous l'entrevoit et l'espère) dans son exercice par l'excès même des forces de destruction mises entre nos mains, et qui vont rendre toute lutte impossible. Mais tuée surtout (à cela nous pensons moins) à sa racine dans nos cœurs, parce que, en comparaison des possibilités de conquête que la science nous découvre, batailles et héroïsmes guerriers ne devraient bientôt plus nous sembler que choses fastidieuses et périmées [...]. L'ère atomique : ère non pas de destruction mais de l'union dans la recherche. Malgré leur appareil militaire, les récentes explosions de Bikini signaleraient ainsi la venue au monde d'une humanité intérieurement et extérieurement pacifiée [1]. » Teilhard n'a pas oublié sans doute qu'il y faut un idéal positif. Il était de ces hommes cependant qui n'assurent pas constamment la cohérence de tous leurs discours.

Mondialisme cependant.

Ceci, sur le mondialisme, est néanmoins très significatif et décisif : « On bâtira sur du sable mouvant tant que, pour asseoir leurs projets et leurs décisions, ces aréopages ne se seront pas au préalable entendus sur le jugement de valeur à porter, et donc sur l'attitude à adopter vis-à-vis de la Totalisation humaine. À quoi sert de discuter les rides de surface, tant que n'est pas dominée la lame de fond [2]. » Il ajoute : « Je ne me laisserai pas aller au jeu dangereux et vain de pronostiquer les étapes, ni la durée probable, ni les modalités terminales de cette unification

1. 1946, *Œuvres*, t. V., p. 186.
2. 1959, *Œuvres*, t. V, p. 157.

inévitable de l'espèce humaine [1] » : du moins la ligne de base ne fait pas de doute, a-t-il l'air de dire.

Il est ainsi, tout au long de sa vie, emporté par la conviction du mouvement en avant vers plus de société, mais une société de conscience, de fraternité, d'amour, car il n'en est pas vraiment d'autre, il est l'ennemi des individualismes, des égoïsmes, des replis, tout autant que des projections sociales ou communautaires simplistes, dénuées des médiations indispensables, d'une vraie et libre participation des hommes, il est séduit en cours de route, au moins provisoirement par toutes les grandes tentatives mais il résiste (presque à contrecœur, dirait-on parfois) à tout ce qui n'est pas vraiment humanisant-personnalisant. Il est impatient, mais il se reprend en même temps, conscient qu'il est de la lenteur des importantes évolutions (il ne veut pas être prophète à court terme, comme l'ont été bien des idéologues historicistes des XIXe et XXe siècles). Il est difficile d'imaginer ce qui serait, selon lui, au terme : l'identité de socialiation et de personnalisation. Il est possible du moins, de percevoir, selon son esprit, ce qu'est un progrès de la conscience sociale globale, de l'ouverture à autrui – à un plus grand nombre d'autres –, de la solidarité. Il est clair que Teilhard débouche au moins sur cela, pour nos contemporains.

1. 1947, *Œuvres*, t. V, p. 255.

VI

ENCORE UNE GRANDE FIGURE
H. DE LUBAC (1896-1991)
ET UN BILAN

Approchant du temps de la Seconde Guerre mondiale, il me faut encore parler d'un auteur de grande influence, Henri de Lubac, un troisième jésuite, dont la carrière embrasse bien d'autres domaines que les questions de société mais qui a, lui aussi, cependant beaucoup compté pour notre sujet.

Puis, je ferai suivre l'évocation de ce qu'il a apporté à la conception de la société et de l'histoire chez les catholiques, d'une vue d'ensemble, complétant les monographies des précédents chapitres, conduisant par là le récit jusqu'à la guerre et même l'après-guerre.

Henri de Lubac.

Le Petit Robert dit Henri de Lubac « théologien et spécialiste d'histoire des religions ». Il est particulièrement fameux pour son étude intitulée *Surnaturel*, publiée en 1946, défendant la thèse d'une ouverture de l'homme, du naturel en lui, au « surnaturel », qui ne survient jamais en dehors d'un tel terrain humain, idée toutefois mal reçue alors dans l'Église officielle. Le Père de Lubac fut en conséquence privé de son enseignement en 1950. Il fut réhabilité par sa nomination comme expert au Concile Vatican II par le pape Jean XXIII (puis par le cardinalat que lui conféra Jean-Paul II à la fin de sa vie).

Il est très connu aussi par son analyse des « sens » de l'Écriture (*L'Écriture dans la Tradition*, 1966) et par *Le Drame de l'humanisme athée* (1945). Mais il est, tout compte fait, et jusqu'à aujourd'hui, plus célèbre encore, sans doute, pour *Catholicisme*, son premier livre (de 1939), « fait de pièces et de morceaux », a-t-il dit avec une notable modestie, en réalité très injuste à l'égard d'un ouvrage si riche d'intuitions. *Catholicisme* est en tout cas le livre de sa contribution à la pensée sociale chrétienne dans la première moitié du XXe siècle.

« Les aspects sociaux du dogme ».

L'originalité du penseur social qu'est ainsi de Lubac, dans la pléiade des Maritain, Mounier, Fessard, Teilhard, c'est de faire émerger le « social » de la doctrine chrétienne même, de la foi, des « dogmes » chrétiens. Plus encore : de faire reconnaître l'homme comme social à partir de sa dimension religieuse comme telle. Et cette reconnaissance de l'homme comme « social » se dresse en opposition à l'affirmation individualiste. Il s'agit donc d'un traitement très *fondamental* de notre problème. Le sous-titre de *Catholicisme* était précisément « Les aspects sociaux du dogme ».

On y voit dès les premières pages comment il raisonne. Il fait face à l'objection : « Comment le catholicisme, une religion qui se désintéresse *apparemment* de l'avenir terrestre et de la solidarité humaine, offrirait-elle un idéal capable de rallier encore les hommes d'aujourd'hui [1] ? » Le christianisme passe en somme pour individualiste, ou désincarné, éloigné de l'histoire. Or on est en un temps (temps du national-socialisme en effet, temps du communisme) où comptent, dit de Lubac, les problèmes « d'ordre social et spirituel [2] ». Cela fait contraste avec la priorité des problèmes d'histoire au centre de la discussion sur la validité du christianisme, au début du XXe siècle, dans le contexte « moderniste ».

Vient alors immédiatement la protestation cruciale : le

1. *Catholicisme*, 4e éd., préface, p. VIII.
2. *Ibid.*, p. VII.

christianisme, le catholicisme particulièrement, n'est nullement ce qu'on pense ainsi : « On nous reproche, dit de Lubac, d'être des individualistes même malgré nous, par la logique de notre foi, alors que, en réalité, le catholicisme est essentiellement social. Social, au sens le plus profond du terme : non pas seulement par ses applications dans le domaine des institutions naturelles, mais d'abord en lui-même, en son centre le plus mystérieux, dans l'essentiel de sa dogmatique. Social à tel point que l'expression "catholicisme social" aurait toujours dû paraître un pléonasme [1]. » « Nous ne voulons pas, ajoute de Lubac, dresser pour notre siècle un plan de réformes sociales inspirées de l'esprit chrétien [2] », il veut en revanche aller au principe même d'explication des « retentissements sociaux du christianisme dans l'ordre temporel [3] ». Manifester certes en même temps « le préservatif contre une "tentation sociale" par l'effet de laquelle, si elle venait à succomber, la foi elle-même se corromprait [4] » : allusion à quelques-uns qui tendent à la réduction du christianisme à une doctrine ou théorie sociale (une tendance qui sera assurément plus fréquente après la guerre qu'elle ne l'était au moment où de Lubac écrivait ces lignes).

Le Père de Lubac traverse alors, dans ses premiers chapitres, les principaux dogmes, ou principales vérités chrétiennes : concernant la création, la rédemption, l'Église elle-même, les sacrements de celles-ci (les signes dont elle use et qui sont le plus important de son agir). Les Pères de l'Église, commence par dire le Père de Lubac, concernant la création, « aimaient à contempler Dieu créant l'humanité comme un seul tout [5] ». C'est en effet étonnamment significatif : il y a, presque, le Tout de l'humanité avant les invididus humains, ou du moins en même temps, simultanément.

---

1. *Ibid.*, p. IX-X.
2. *Ibid.*, p. X.
3. *Ibid.*, p. X-XI.
4. *Ibid.*, p. XI.
5. *Ibid.*, p. 3.

« Dans ces conditions, est-il dit ensuite – il s'agit déjà du péché –, toute infidélité à l'Image divine que l'homme porte en lui, toute rupture avec Dieu est du même coup déchirement de l'unité humaine. Sans pouvoir supprimer l'unité naturelle du genre humain – l'image de Dieu, si souillée qu'elle soit, demeure indestructible – elle en ruine l'union spirituelle... *Ubi peccata, ibi multitudo* (Origène) [1]. » Péché, multiplicité, perte d'unité, c'est tout un.

« La rédemption – troisième terme– nous apparaîtra par le fait même comme le rétablissement de l'unité perdue [2]. » Et il est vrai qu'en tout cela la doctrine chrétienne courante, la doctrine chrétienne traditionnelle surtout, celle des Pères de l'Église ancienne, est extrêmement conséquente.

Vient l'Église, elle aussi essentielle au dogme chrétien. Elle est « catholique », c'est-à-dire universelle, et même d'une unité plus profonde encore : « La catholicité de l'Église, écrit le Père de Lubac, n'est pas affaire de géographie ni de chiffres... L'Église, en chaque homme, s'adresse à tout l'homme, le comprenant selon toute sa nature [3]. » Et : « Si grande est son unité, que l'Église apparaît constamment personnifiée [4]. » Suit cette très belle expression, mais qu'on ne peut oser dire qu'en fonction d'une vision très unitaire, très « sociale », de l'homme : « Le chrétien sait que dans le Christ les fidèles sont réellement présents chacun l'un à l'autre, et que pour ceux qui vivent de son amour le bien de chacun est le bien de tous [5]. »

Le baptême, nous y pensons souvent, aujourd'hui surtout, comme à une action divine qui nous atteint individuellement, personnellement. Or, dit le Père de Lubac, en conformité de nouveau avec la tradition ancienne la plus solide, « le premier effet du baptême n'est autre que l'agrégation à l'Église

1. *Catholicisme*, p. 10.
2. *Ibid.*, p. 13.
3. *Ibid.*, p. 26.
4. *Ibid.*, p. 33.
5. *Ibid.*, p. 54.

visible[1] ». La pénitence ou réconciliation, autre sacrement, est « réintégration sociale ». Et l'Eucharistie, sacrement de la communion, est évidemment aussi sacrement à portée sociale déterminante.

« Tout ici-bas, ajoute le Père de Lubac, et l'Église elle-même, est pour les élus : mais les élus sont bien moins encore que les chrétiens sur terre des isolés[2]. » « La catholicité triomphante n'est pas le simple résultat, la somme des élus. Unité réelle, unité transpersonnelle, c'est elle, à vrai dire, qui voit Dieu, comme c'est elle qui, dans sa misère et sa dispersion première, était cherchée par le Sauveur. » Rien donc, absolument, n'est individualiste en tout cela. « Les premières générations chrétiennes avaient un sentiment très vif de la solidarité de tous les individus et des diverses générations dans la marche vers un même salut[3]. » Un « salut social ».

L'histoire aussi est essentielle au christianisme.

Dans la deuxième partie de *Catholicisme*, le Père de Lubac aborde « le christianisme et l'histoire », thème qu'il rattache immédiatement – et c'est significatif – au précédent. L'idée d'histoire est, chez lui, liée étroitement à celle de « social », collectif, un. Au lieu d'une affaire « solitaire », ou d'une succession de destins solitaires, et, dit-il, « toujours le troupeau humain s'agite[rait] en vain dans la même servitude », on a affaire à quelque chose de signifiant, à une seule chose : c'est social et historique à la fois. Il y a un « caractère social » du dogme, il y a tout autant un « caractère historique »[4]. « Seul le christianisme affirme, à la fois, indissolublement, pour l'homme une destinée transcendante et pour l'humanité une destinée commune. De cette destinée l'histoire du monde est la

1. *Ibid.*, p. 58.
2. *Ibid.*, p. 85.
3. *Ibid.*, p. 92.
4. *Ibid.*, p. 110.

préparation. » Il faut que l'homme soit social intrinsèquement pour qu'il y ait destinée ou histoire commune, autrement il y aurait une multitude de destinées transcendantes, mais rien de commun, pas vraiment d'histoire. L'histoire est à plusieurs. En réalité « la race humaine tout entière est l'enfant de Dieu, et d'un grand mouvement qui persiste à travers la variété déconcertante de ses gestes – *ab Abel justo usque ad novissimum electum* – soutenue par les deux mains de Dieu, le Verbe et l'Esprit, ces deux mains qui malgré ses fautes ne l'ont jamais complètement lâchée, elle s'achemine vers son Père [1] ». « À l'image antique de l'ascension individuelle de sphère en sphère, on voit se substituer celle d'une marche collective d'âge en âge [2]. » Le Père de Lubac redit encore : « Est liée à la conception sociale du salut cette conception historique du monde » (ou plutôt, la conception « sociale » de l'humanité serait très imparfaite, inchoative, si elle ne s'achevait pas dans ce caractère « historique »).

Le Père de Lubac commente encore après avoir évoqué les Écritures, soit dans leur ensemble, soit dans leur détail : « Qu'il s'agisse de l'Ancien Testament, ou de l'Évangile et spécialement des paraboles, la Tradition [chrétienne] maintient de pair un double sens mystique, dont l'un vise les destinées collectives du genre humain, et le second, l'histoire intime de l'âme [3]. » Sa théorie des sens de l'Écriture s'enracine ainsi dans la perception de la dimension indissolublement individuelle et collective (sociale-historique donc) de l'être humain.

Sur l'unité de l'humanité, d'autre part, le Père de Lubac fonde aussi sa perception d'une perspective touchant les diverses religions, à l'encontre certes de l'impérialisme culturel dont a fait preuve l'Occident [4]. « L'apparente unification, dit-il, n'empêchera pas qu'il subsiste quelques grands types d'expérience spirituelle, au sens le plus vaste du mot, logiquement

1. *Catholicisme*, p. 112.
2. *Ibid.*, p. 114.
3. *Ibid.*, p. 170.
4. *Ibid.*, p. 251-252.

inconciliables : or, c'est la mission de l'Église d'épurer et de vivifier chacun d'eux, de les approfondir et de les faire aboutir, par la révélation surnaturelle dont elle a le dépôt. Mission universelle par excellence, à laquelle l'Église ne saurait renoncer pour se mettre au service exclusif de l'une ou l'autre forme de civilisation. » Si l'on a dans l'esprit les principales dimensions de l'œuvre du Père de Lubac – son étude du surnaturel intégrant le naturel, ses recherches sur les religions et les « missions », sa méditation sur le sens des Écritures irradiant l'histoire –, on voit ainsi comment elles sont toutes annoncées, en somme, dans la vision du caractère social et historique du dogme chrétien qui est au cœur du livre *Catholicisme*, ce premier ouvrage étant le programme de tous les autres ou presque.

Quand il s'efforce de se résumer, il marque la conscience aiguë qu'il a d'une déviation « individualiste » depuis longtemps dans l'histoire chrétienne, nourrie par la logique aristotélicienne et le droit romain. Il cite quelque part un auteur (le Père de Régis) disant : « Peut-être que l'erreur marxiste et léniniste ne serait pas née et ne se serait pas propagée avec de si effrayants ravages, si l'on avait toujours donné à la collectivité la place qui lui revient dans l'ordre naturel comme dans l'ordre surnaturel [1]. »

De l'unité par l'altérité : analogies de la pensée de De Lubac et de celle de Teilhard.

Au chapitre XI, « Personne et société », dans la Troisième partie, de Lubac explique qu'il sait bien qu'il peut y avoir abus de l'idée d'unité ; au plan religieux, c'est le péril de panthéisme. À l'opposé du fort personnalisme de saint Jean et de saint Paul. L'unité sociale de l'homme n'est pas en contradiction avec la force de la personnalisation en lui. Paradoxalement même, c'est tout le contraire qui est vrai. En fait, « la distinction s'accuse

1. Cité dans *Catholicisme*, p. 267.

d'autant plus entre les diverses parties de l'être, que l'union de ces parties devient plus étroite [1] », vue très voisine de celle de Teilhard sur le progrès de la complexité – d'une certaine multiplicité – impliquant progrès simultané de la conscience. « L'être indifférencié, le pur homogène est aussi peu un que possible : c'est une poussière anonyme. » Et l'on peut même parler d'unité-personne *par* l'altérité, comme dans nombre de philosophies récentes. « Dieu, qui "n'a point créé le monde en dehors de lui", n'a pas non plus créé les esprits les uns en dehors des autres. Chacun, tout d'abord, n'a-t-il pas besoin de l'"autre" – d'un autre qu'il imagine, s'il le faut, et retrouve en toutes choses – pour s'éveiller à la vie consciente ? Cette vérité psychologique est le symbole d'une vérité plus profonde : il faut être *regardé* pour être *éclairé*, et les yeux "porteurs de lumière" ne sont pas ceux de la seule divinité [2]. » De Lubac renvoie ici au *Timée* de Platon (456). On peut aussi dire que c'est comme une allusion déjà au « regard », si décisif dans la philosophie de Levinas.

« D'autre part, être personne, n'est-ce pas toujours, selon le vieux sens originel mais intériorisé, être chargé d'un rôle ? N'est-ce pas essentiellement entrer en rapport avec d'autres pour concourir à un Tout ? L'appel à la vie personnelle est une *vocation*, c'est-à-dire un appel à jouer un rôle éternel [3]. » Et ceci va jusqu'à une affirmation comme celle-ci : « Si, par-delà toutes les sociétés visibles et mortelles, vous ne posez pas une communauté mystique, celle-là éternelle, vous laissez les êtres à leur solitude ou vous les anéantissez en les broyant : de toute façon vous les tuez, car on meurt aussi par asphyxie [4]. » Il y a un lien donc entre l'altérité constitutive absolue et toute autre altérité impliquée dans la genèse de l'homme.

Une vue pratique remarquable de saint Augustin est relevée un peu plus loin [5] : c'est que chacun a besoin de la médiation de

1. *Catholicisme*, p. 285.
2. *Ibid.*, p. 288.
3. *Ibid.*
4. *Ibid.*, p. 290.
5. *Ibid.*, p. 290-291.

tous, nul n'est pourtant tenu à distance par aucun intermédiaire. « Les deux ordres de valeur (catholicisme, personnalisme), loin de se nuire l'un à l'autre, ont été promus solidairement », dit encore le Père de Lubac pour souligner cette unité paradoxale [1]. Et bientôt, de Lubac cite expressément Teilhard (il faut le remarquer, sans référence, sans doute dans l'un des écrits qui ne circulaient encore alors que sous le manteau) : « Si nous étions aussi capables de percevoir la lumière invisible que les nuées, la foudre ou les rayons solaires, les âmes pures nous apparaîtraient, en ce monde, aussi actives, par leur pureté, que les sommets neigeux dont les cimes impassibles aspirent continuellement pour nous les puissances errantes de la haute atmosphère [2]. » Cela souligne l'idée que « la communion des esprits ne s'opère que par ce qu'ils ont de plus personnel », par « ce qu'ils ont de plus incommunicable ». Il cite aussi le poète Paul Claudel disant : « Il y a beaucoup d'âmes, mais il n'y en a pas une seule avec qui je ne sois en communion par ce point sacré en elle qui dit Pater Noster » (*Conversations dans le Loir-et-Cher* [3]). Le Père de Lubac était clairement d'une semblable conviction.

Il souligne encore, en style teilhardien, le grand événement que constitue le progrès du social et de la perception du social, mais il en voit en même temps les déviations (il observe comme l'a fait aussi Teilhard ces déviations) : « Les progrès réalisés depuis un ou deux siècles par les sciences sociales nous habituent à mieux sentir la dépendance de l'individu par rapport aux diverses communautés qui lui sont beaucoup plus qu'un cadre et qu'un soutien extérieur, et tout d'abord par rapport à la grande communauté humaine, dont les autres sont, chacune à son rang, comme la nécessaire monnaie [...]. Nous avons pris conscience avec une force nouvelle de l'ampleur et de la profondeur du lien social. Nous voyons tous les individus enracinés dans l'humanité comme l'humanité elle-même est enracinée dans la nature, et la perception scientifiquement accrue de ce grand fait

1. *Ibid.*, p. 294.
2. *Ibid.*, p. 301.
3. Paris, Gallimard, 1935, p. 119.

constitue la base naturelle qui peut nous être précieuse pour une meilleure intelligence de notre catholicisme. De toute part aussi, dans notre monde déchiré, se manifestent les aspirations à l'unité, nées elles-mêmes de la rencontre féconde entre un catholicisme toujours actif quoique souvent renié, et les immenses progrès de notre connaissance de l'homme aussi bien dans le temps que dans l'espace. Aspirations trop impuissantes, quand elles ne deviennent pas malfaisantes, sous la forme laïcisée et toute temporalisée qu'elles revêtent le plus souvent. Mais ce n'est pas une raison pour refuser de voir, et pour ne pas essayer de dégager le germe authentique qu'elles n'auraient pu totalement étouffer sans mourir elles-mêmes [1]. »

Il faut « montrer à ceux qui ont compris qu'aucune fin plus restreinte que l'humanité même ne mérite d'être absolument aimée et cherchée – il existe de ces hommes dans bien des camps, jusque dans les camps les plus opposés – qu'ils sont dès lors obligés de regarder plus haut que la terre. Car une destinée transcendante, supposant elle-même l'existence d'un Dieu transcendant, est indispensable à la réalisation d'une destinée vraiment collective, c'est-à-dire à la constitution concrète d'une humanité. Sinon, ce n'est pas pour l'humanité, au vrai, qu'on se dévoue ; c'est encore, malgré qu'on en ait, pour quelques individus, qui dans leur enveloppe éphémère n'abritent aucun absolu, et qui ne représentent pas une valeur essentiellement supérieure à la valeur de ceux qui leur sont sacrifiés [2] ». Il cite ici un personnage de roman russe qui exprime bien, dit-il, que le caractère social de l'homme, aussi important qu'il soit, ne doit pas dévorer le caractère personnel : « Je ne veux pas m'immoler à ce dieu terrible qui s'appelle la société future ! »

« Il faut un Lieu où l'humanité, génération par génération, soit recueillie ; il lui faut un Centre où elle converge ; un Éternel qui la totalise ; un Absolu qui, au sens le plus fort du mot, au sens pleinement actuel, la fasse exister. Il lui faut un Aimant qui l'attire… » Plus que jamais en ces formules, on sent Teilhard

1. *Catholicisme*, p. 307-308.
2. *Ibid.*, p. 309-310.

très proche, même présent. Lequel des deux a inspiré l'autre, peut-on se demander ? Je suppose que c'est Teilhard qui a eu surtout l'influence, mais rejoignant bien ce que le Père de Lubac retrouvait dans les Pères de l'Église, dans le premier christianisme.

Un faux humanisme social menace.

« Dans la mise au point de ces idées très simples, ajoute alors de Lubac, on tiendrait en principe […] une réfutation de cet humanisme social qui renouvelle aujourd'hui l'effort désespéré de l'homme pour se sauver seul [1]. » Il n'y a pas de social vraiment sans transcendance. C'est pourtant la tentation courante [à cette époque] que de le concevoir tel. Le Père de Lubac parle ainsi des « voies où cet élan se détourne et s'enlise [2] », voies qu'il est urgent de dénoncer, de critiquer. « Il faut, dit-il, en faisant le procès de ce "social" entièrement temporalisé qui domine aujourd'hui partout les esprits, et qui n'hérite qu'en le dégradant du caractère historique et social de notre foi, avoir le courage de se montrer résolument inactuel. »

Le marxisme est particulièrement en cause. « Feuerbach dissolvait l'être religieux dans l'être humain ; Marx, achevant le processus, dissout l'être humain dans l'être social. Ce qui devait magnifier l'homme, achève de le ruiner [3]. »

« Supposons, dit de Lubac, cet homme pleinement "émancipé". Supposons-le, par impossible, affranchi de toute contrainte économique, de toute exploitation par son semblable, de toute tyrannie de l'État : il n'est par pour autant "libéré". La société ne pèse plus sur lui, en ce sens qu'il n'est plus dominé, exploité par d'autres hommes. Elle pèse cependant sur lui d'un poids plus lourd que jamais, puisqu'elle l'absorbe tout entier. Jadis, quelque chose de lui-même pouvait échapper à la

1. *Ibid.*, p. 311.
2. *Ibid.*, 312-313.
3. *Ibid.*, p. 314.

contrainte et à l'exploitation : maintenant il n'est plus qu'une fonction sociale, un "ensemble de rapports sociaux" (expression de la Cinquième Thèse sur Feuerbach) [1]. » « Tel n'est pas, poursuit de Lubac, nous le savons bien, l'idéal consciemment nourri par ceux qui rêvent d'une société sans État et sans classes. Ils cherchent tout au contraire l'avènement d'un âge où "l'homme soit pour l'homme l'être suprême", où les échanges humains soient "des échanges de confiance et d'amour", où "le libre développement de chacun soit la condition du libre développement de tous" […] Mais telle est à coup sûr la réalité que prépare le développement de la négation initiale qu'ils n'osent encore remettre en question. Rien ne fera jamais que, dans une société non transcendante, la réduction de l'homme à ses "rapports sociaux" ne s'opère au détriment de l'intériorité personnelle et n'engendre, quelle que soit la nouveauté de son mode, la tyrannie. »

Toujours à propos du marxisme, notre auteur affirme aussi : « Le système de Marx s'achève en un socialisme qui est un temporalisme absolu. Certes il s'achève ainsi contre les exigences intimes d'une pensée qui était trop forte pour ne pas ébranler d'avance les murs de la prison qu'elle se constituait : c'est ce qu'établissait récemment une exégèse perspicace, dont il faut souhaiter qu'elle soit pour la doctrine le principe d'une salutaire évolution (Fessard dans *La main tendue. Le dialogue catholique-communiste est-il possible ?*, 1937, Appendice). Mais à envisager le système explicitement constitué, on doit dire que son temporalisme n'est pas seulement chimérique en ses espoirs aussi bien qu'intenable en lui-même : il est absolument indésirable. C'est la vision d'un monde infiniment plat [2]. »

---

1. *Catholicisme*, p. 315.
2. *Ibid.*, p. 316. Tout ce thème est repris dans *Le Drame de l'humanisme athée*, en 1945.

Précisions après la guerre.

Sur le détail de l'organisation sociale, de Lubac ne voulait pas aller plus loin. Il tendait d'ailleurs à limiter le champ de la doctrine sociale de l'Église. « De l'autorité de l'Église, a-t-il dit dès *Catholicisme*, peut-on raisonnablement exiger autre chose que le rappel de la loi morale, le contrôle attentif des intiatives, le soutien de celles où elle reconnaît son Esprit, enfin les interventions propres à dirimer les conflits éventuels et à consacrer l'essentiel des solutions trouvées ? L'Église s'est ainsi prononcée sur bien des points de doctrine sociale. Néanmoins elle ne se substitue pas aux hommes d'État pour élaborer des “programmes”, au sens précis et complet du mot, ou pour proposer des “plans”. » « Mais, sur ce plan même des sociétés terrestres, ajoutait-il, l'Église apporte en réalité beaucoup plus qu'un programme, et pour la réalisation des meilleurs programmes ses véritables enfants apportent beaucoup plus qu'un accord extérieur et que des compétences techniques [1]. »

De Lubac ne reprendra pas non plus souvent très explicitement les thèmes qui sont au centre de *Catholicisme*. Quelquefois cependant... Dans *Paradoxes* suivi de *Nouveaux Paradoxes*, par exemple [2], relevons ceci : « L'Église découragera toujours les révolutionaires qui rêvent quelquefois de s'en faire une alliée ; elle s'attirera toujours de leur part le reproche de détachement, de manque d'intérêt profond à leur cause, même lorsque son but et le leur paraissent en quelque chose coïncider. Mais elle n'inspirera pas davantage de confiance aux conservateurs ou aux détenteurs de l'autorité, qui sentiront toujours qu'elle leur échappe par le fond d'elle-même, même lorsqu'elle apparaît comme un de leurs soutiens ; qu'elle se refuse à considérer leur ordre comme absolu et qu'elle y introduit sans arrêt un principe d'insatisfaction [3]. » Il y a il est vrai dans ce propos plus de distance entre théologique et social

1. *Ibid.*, p. 319-320.
2. Éd. du Seuil, 1959 (le premier recueil est de 1946, le second de 1955).
3. *Ibid.*, p. 61.

qu'il n'y en avait dans *Catholicisme*, où le théologique impliquait le social avant d'en faire voir les déviations possibles.

« On pourrait croire, est-il certes dit, plus positivement en somme, dans le second des recueils lubaciens de paradoxes, qu'en fondant la distinction du spirituel et du temporel, de la religion et de la politique, du salut de l'âme et des intérêts de la cité, l'Évangile apportait un principe qui détournerait de l'action sociale. C'est le contraire qui est arrivé, et logiquement arrivé. Car en dégageant le germe de liberté spirituelle qui est au fond de chaque individu, cette distinction force à voir en lui, non plus seulement le sujet qui doit servir à la construction d'un empire ou le citoyen qui doit jouer son rôle à l'intérieur d'une cité, mais l'être personnel à la cause duquel il faut s'intéresser. Il fallait que l'Évangile nous fît, pour ainsi dire, décoller de la terre, qu'il fît émerger en nous quelque chose qui lui échappe, pour que l'intérêt porté au problème social se dégageât lui-même de cet intérêt porté à la cité et à sa cohésion qui régnait dans le monde antique [1]. » Il y a une purification du social par le développement de la perception de la transcendance de l'homme.

Voire par une primauté de « l'humain » tout simplement : « Si urgent que soit le social, est-il dit plus loin, maintenir toujours en soi, chercher à maintenir partout la primauté de l'humain. Car le social n'en sera pas négligé : il est contenu dans l'humain. Mais l'humain pourrait être exclu du social, sacrifié au social, et dans ce cas le social lui-même perdrait sa valeur. Il ne tarderait point à redevenir le social antique. Il ne serait plus qu'un nouveau Moloch [2]. »

Face au racisme, face à l'antisémitisme.

Le Père de Lubac, redisons-le, n'est pas entré dans plus de détails, théoriquement, concernant l'organisation sociale, économique ou politique… Il s'est toutefois engagé sur bien des

---

1. *Paradoxes*, p. 107.
2. *Ibid.*, p. 125.

choses, pratiquement, en prenant le parti de la Résistance devant l'occupant allemand et le régime français de Vichy. Il faut encore l'évoquer.

En janvier 1941, d'abord, il donne à la chaire des missions de la Propagation de la foi aux Facultés catholiques de Lyon deux leçons sur « Le fondement théologique des missions » : la seconde contient une vive critique du racisme, dans l'esprit de l'idée d'unité de l'humanité, si soulignée par lui dans *Catholicisme*. De Lubac cite *Mein Kampf* de Hitler, il cite aussi le discours de Rosenberg à Nuremberg le 6 septembre 1938, et il les discute directement. Suivant Teilhard, il note : « Les rameaux humains divergents ne se séparent jamais, comme ils feraient partout ailleurs dans le règne animal : la ramification, en effet très poussée, s'y achève en un phénomène de "palmure" [1]. »

Puis, dans une lettre à ses supérieurs, du 25 avril 1941, il caractérise la révolution menée par l'Allemagne hitlérienne comme une « révolution antichrétienne [2] ». Et c'est visible en France aussi, ajoute-t-il, dans l'une et l'autre zones. « Nous sommes conduits peu à peu vers un culte de l'État contraire à la doctrine catholique et souvent condamné depuis un siècle. Ce culte s'insinue grâce à certaines confusions : on exploite à cette fin certains sentiments d'une tout autre nature, tels que l'amour de la patrie blessée, le besoin si légitime d'une autorité forte, l'attachement à l'homme qui a pris en main le gouvernail en des heures si critiques [...]. On parle aussi d'une évolution fatale de nos sociétés d'une forme d'individualisme à une forme "communautaire" : ce qui est incontestable. Mais ce à quoi on veut nous mener, c'est à toute une conception de la société, disons même de l'être, qui écrase la personne humaine (et avec elle la famille) parce que, d'abord, elle nie le Dieu transcendant [3]. » Et de Lubac cite ici, en ce sens, un auteur de l'époque affirmant : « La notion de l'État est une conquête de

1. *Questions disputées et résistance au nazisme*, DDB, 1990, p. 208.
2. *Ibid.*, p. 221.
3. *Ibid.*, p. 224.

l'espèce, qui dépasse l'anarchisme abstrait des philosophies chrétiennes et judaïques. »

Dans « Un nouveau front religieux », texte publié en Suisse en 1942, de Lubac étudiait de même minutieusement les origines de l'antisémitisme en monde germanique. Et dans « Le combat spirituel », article de 1943, il argumentait : « Si le christianisme peut et doit assumer les vertus du paganisme antique, le chrétien qui veut demeurer fidèle ne peut que repousser d'un non catégorique un néo-paganisme qui s'est constitué contre le Christ. La douceur et la bonté, la délicatesse envers les petits, la pitié – oui, la pitié – envers ceux qui souffrent, le refus des moyens pervers, la défense des opprimés, le dévouement obscur, la résistance au mensonge, le courage d'appeler le mal par son nom, l'esprit de paix et de concorde, l'ouverture du cœur, la pensée du ciel… : voilà ce que l'héroïsme chrétien sauvera. Toute cette "morale des esclaves" (qu'on dit), il fera voir qu'elle est une morale d'hommes libres, que seule elle fait l'homme libre [1]. »

La défense du social ne s'est pas exactement muée en défense de la liberté ou de l'individu, mais les circonstances ont fait que le Père de Lubac a été amené à critiquer davantage les *déviations* du social qu'il a vues se répandre. Sa trajectoire est analogue en cela à celle de son compagnon, Gaston Fessard. Et, à un moindre degré, on peut dire quelque chose d'un peu semblable de Teilhard, l'autre compagnon [...] C'est un trait significatif de l'époque que ces trois auteurs, vraiment créateurs de pensée, aient d'abord pu comprendre leur temps comme un temps du « social » et vouloir répondre résolument que le christianisme est lui aussi, qu'il est même, plus que quiconque, « social » – « social » et « historique », peut-on préciser –, et aient été amenés aussi pourtant, par les excès sous leurs yeux, à devenir des critiques de graves déviations du social et de l'historique – déviations à portée spirituelle – qui se sont manifestées dans le même temps. Le plus riche de leur pensée est assurément

1. *Questions disputées et résistance au nazisme*, p. 295.

la construction personnaliste du social que les uns et les autres effectuent, fût-ce de manière assez diverse.

Le bilan de l'entre-deux-guerres.

Et nos cinq penseurs sont, à n'en pas douter, le plus précieux de l'entre-deux-guerres catholique social français, objet principal de notre ouvrage. On ne saurait toutefois ramener à eux toute l'évolution des courants, des mouvements, des tendances, plus spontanées, souvent moins articulées, faut-il noter en concluant. De l'évolution plus vaste aussi, il convient donc, dans une dernière section de ce chapitre, pour situer ceux mêmes dont nous avons parlé, de donner un certain bilan, embrassant toute la période. Je le ferai en m'appuyant particulièrement sur le livre de R. Rémond, *Les Catholiques dans la France des années 30* [1].

Le temps qui suit la Première Guerre mondiale peut vraiment être dit, selon lui, temps du « Second Ralliement ». « Ralliement », c'est-à-dire rapprochement entre l'Église et la République, mais changement aussi des conceptions quant à la relation de la foi et de la politique et quant à la vue chrétienne de la société. Le premier ralliement, auquel avait appelé Léon XIII en 1892, n'avait guère réussi. Celui-ci a, nous l'avons déjà noté, bien plus amplement réussi.

Dès 1919, en réalité, explique Marcel Prelot dans un livre lui aussi intéressant sur l'époque, *Le Libéralisme catholique*, apparaissent des « signes évidents d'une volonté pontificale de ralliement [2] ». « Tournant capital de leur histoire tourmentée, les monitions romaines et les condamnations pontificales, dit M. Prelot, n'atteignent plus les libéraux catholiques, mais frappent leurs adversaires intégristes, nationalistes intégraux, fascistes, racistes ou communistes totalitaires [3]. » Il faut

1. Cana, 1979, 2e éd.
2. Colin, 1919, p. 369.
3. *Ibid.*, p. 370.

évidemment surtout rappeler ici la condamnation de l'Action française en 1926-1927, dont nous avons mesuré l'importance dans les premiers chapitres de notre ouvrage. « On vit devenir brusquement actifs, note Pierre-Henri Simon, certains ferments qui ne cessaient de travailler en secret, depuis un peu plus de cent ans, les âmes à la fois fidèles à l'Église, sensibles aux exigences de la conscience moderne et informées des problèmes de leur temps [1]. » Tout ce qu'avait représenté le libéralisme catholique depuis Lamennais en 1848. Le libéralisme catholique revient il est vrai sans étiquette. M. Prelot écrit : « Le libéralisme catholique qui est maintenant partout n'a plus besoin d'être nulle part. L'épithète libéral disparaît du vocabulaire parlementaire et électoral. À droite, les survivants s'intitulent républicains nationaux ou républicains indépendants ; au centre, démocrates populaires [2]. »

On peut caractériser ainsi les tendances diverses qui se dégagent alors au plan *de la pensée sociale* : « Le libéralisme conservateur avait tenté de se rénover en devenant associationniste mais, ce faisant, il ne dépassait pas les structures de l'individualisme traditionnel, et lui demeuraient inassimilables les apports du corporatisme hiérarchique des catholiques sociaux [3]. » D'un autre côté : « Avant le popularisme démocratique (les "démocrates populaires"), les tendances personnalistes et institutionnalistes, faute d'avoir été réciproquement creusées avec assez de vigueur et explorées avec assez de persévérance, étaient restées distinctes, sinon opposées. Grâce au renouvellement de la sociologie et de la philosophie politique, les formules libérales du constitutionnalisme démocratique et les conceptions organisatrices du catholicisme social se rejoignirent en profondeur [4]. » Les grands auteurs que nous avons étudiés débordent ces courants, et ne sont pas pleinement assimilés par eux, seul Maritain marquera les démocrates

---

1. Cité par M. PRELOT, p. 184.
2. *Ibid.*, p. 370.
3. *Ibid.*, p. 390.
4. *Ibid.*, p. 391-393.

populaires, ancêtres des démocrates chrétiens. Mais c'est bien un changement considérable que disent les observations que nous venons de recueillir sur les courants de pensée en général.

Observant la scène sous un angle plus directement politique, R. Rémond fait, lui, ce tableau. Il y a le nationalisme intégral, qui a été « retranché pour son paganisme ». Il reste un autre nationalisme, « dont les positions, pour être ordinairement moins fondées en doctrine, ne diffèrent guère de celles de l'Action française : ce nationalisme de la droite conservatrice associe une défense sourcilleuse de l'ordre social existant à une animosité contre l'esprit de Genève ». C'est la position de la Fédération nationale catholique et du général de Castelnau (écrivant dans *L'Écho de Paris*). De l'autre côté, il y a les démocrates chrétiens : « Ils se reconnaissent à la sincérité de leur adhésion à la démocratie, à leur orientation sociale et à leur fidélité aux directives pontificales sur la paix. Vers 1920, le catholicisme social dont une branche puisa longtemps son inspiration dans une philosophie contre-révolutionnaire, coïncide dans l'ensemble avec la démocratie chrétienne [1]. » On trouve certes, plus à gauche, des hommes comme Mounier. Nous avons parlé de sa controverse avec Paul Archambault, « des plus significatives », dit pour sa part R. Rémond. « À gauche, on reproche aux démocrates chrétiens de reconstituer autour d'une certaine conception de la démocratie une confusion analogue à celle qu'ils reprochent à la droite traditionnelle [2]. » Surtout, on leur reproche d'attacher le catholicisme à la démocratie libérale, estimée en voie de dépassement. Ce faisant, la gauche apparaît comme moins attachée justement à la « démocratie », nous l'avons vu avec Mounier et avec Teilhard : elle fait des concessions au communautarisme. À l'extrême gauche, enfin, se sont esquissées des tentatives de syncrétisme, entre communisme et christianisme, avec la revue *Terre nouvelle* par

---

1. R. Rémond, p. 17.
2. *Ibid.*

exemple. Il ne faut certes pas, dans cette période, en surestimer l'importance.

S'il faut parler des personnes, dit R. Rémond, deux hommes personnifient deux âges, « le Général de Castelnau (déjà mentionné) l'alliance de l'ordre social traditionnel et de l'Église, le Cardinal Liénart l'effort d'une charité intelligente pour rétablir le dialogue entre l'Église et la société moderne [1] ». « Le cardinal, évêque de Lille, intervint, note Rémond, en plusieurs occasions décisives pour définir la doctrine ou rappeler la morale, défendre les syndicats injustement critiqués, mettre en garde contre les ligues, blâmer la campagne de calomnies qui avait acculé un homme politique au suicide [2]. »

Les *terrains* de discussion et de désaccord sont, note encore Rémond, au nombre de trois : politique, social, international. Le terrain politique, c'est la question de l'adhésion à la démocratie. Les principes qui la fondent chez beaucoup semblent encore à la droite incompatibles avec une certaine interprétation des applications temporelles du dogme catholique. Pour leurs adversaires, c'est le régime préférable aux autres « pour sa conformité supposée avec l'inspiration du christianisme [3] ». Pour quelques-uns, toutefois, elle est trop purement « formelle ». « La question sociale divise peut-être moins », dit Rémond, et « le catholicisme social est en passe de devenir officiel ». Il n'y en a pas moins des résistances du côté de la FNC. Les controverses rebondissent en tout cas à partir de 1934, à propos du communisme et des rapports à établir – ou à rompre – avec les communistes. Les questions internationales, elles, font l'objet de grandes controverses. « C'est là que la querelle est la plus vive, là aussi qu'elle est la plus récente. » Autour des orientations données par le Saint-Siège, favorables au dépassement du nationalisme qui néanmoins tient à cœur à beaucoup de catholiques [4].

---

1. *Les Catholiques dans la France des années 30*, p. 21.
2. *Ibid.*, p. 12.
3. *Ibid.*
4. Voir R. Rémond, le chapitre II : Briand, l'Allemagne et les marchands de

Les années 30, ensuite, dans leur ensemble, révèlent, selon R. Rémond, une *courbe*, qui vaut aussi d'être remarquée. « En 1930, Rome pèse de tout son poids en faveur de la conciliation avec le régime et du rapprochement avec la société moderne [...]. Très significative est la sollicitude dont la Hiérarchie entoure la jeune Action catholique, comme son souci de la présence des compromissions et des contaminations avec les partis et les ligues [1]. » Mais il y a ensuite une évolution, pense R. Rémond : « Une convergence d'indices donne l'impression qu'à partir de 1936 la tendance adverse relève la tête et retrouve des appuis considérables : une contre-offensive se développe dont telle publication fondée naguère à la demande de Rome fait les frais [il s'agit de *Sept*, hebdomadaire dominicain]. À l'encouragement succède le désaveu, au ralliement, le raidissement. Vieillissement du pontificat, changements dans l'entourage, inquiétude suscitée par les progrès du communisme ? Tous ces facteurs ont sans doute additionné leurs effets : toujours est-il que l'orientation de fond semble s'être bouleversée. La période qui s'ouvrait sur la condamnation de la philosophie maurrassienne s'achève sur la levée de la condamnation (juillet 1939). Rapprochement symbolique [2]. » On a, il est vrai, changé de pontificat.

« Dans l'intervalle, ajoute cependant [ou conclut] R. Rémond, la tendance libérale a *affermi* ses positions, élargi son audience, conquis droit de cité dans l'Église [3]. » C'est l'évidence. Et quelle floraison d'importantes pensées, pouvons-nous ajouter, après avoir étudié Maritain, Mounier, Fessard, Teilhard, de Lubac ! R. Rémond dit encore, quant à lui (je retiens ici un long passage mais qui conclut bien son propos) : « Les controverses de ces dix années n'avaient pas été stériles : notions tirées au clair, distinctions mieux précisées, principes plus solidement établis.

---

canon 1931-35 (p. 39-79), et le chapitre III : L'affaire éthiopienne et la morale internationale (p. 81-108).

1. *Ibid.*, p. 14.
2. *Ibid.*, p. 15
3. *Ibid.*, p. 16.

Les catholiques français disposaient en 1939 d'un corps de doctrine plus cohérent et mieux adapté à la situation de leur pays. Les vieilles collusions avaient été dénoncées : catholicisme et conservation politique ou sociale n'allaient plus nécessairement de pair. Sans manquer à leurs devoirs envers la patrie, les catholiques prenaient leurs distances à l'égard du nationalisme et découvraient leurs responsabilités dans l'ordre des rapports internationaux. La doctrine sociale était maintenant communément reçue et suscitait moins de résistances ouvertes : le syndicalisme s'affirmait comme une force d'avenir. Le pluralisme des opinions, accepté pratiquement, se justifiait doctrinalement comme découlant de la distinction entre les plans. À la conception classique de catholiques groupés en une masse compacte sous leur drapeau et pesant sur la politique à l'instar des groupes de pression se substituait la conception moderne de l'Action catholique, respectant la liberté des choix dans l'ordre temporel et davantage tournée vers des fins apostoliques. L'histoire du catholicisme français offre à la vérité peu de décennies où les esprits aient autant progressé dans la réflexion sur les conséquences de leur foi. De ce travail le mérite revient conjointement aux mouvements et aux périodiques. Ceci n'empêchera pas l'adhésion de beaucoup de catholiques à Vichy, à son régime, au corporatisme. Bien des rémanences du passé firent alors surface […]. Mais il y eut aussi, fort significative, la pensée de la Résistance. Après les déchirements de l'Occupation, les catholiques se trouvèrent en présence d'une situation très changée : le système des forces politiques était bouleversé, la droite traditionnelle momentanément anéantie, l'extrême gauche considérablement renforcée ; le climat, les hommes, les journaux aussi étaient autres. Les réflexions et les expériences de l'immédiat avant-guerre, prouvèrent alors leur fécondité. Si les catholiques furent relativement si nombreux à prendre des responsabilités et à s'engager, c'est parce que le mouvement des années 1930 les y avait préparés. De même, pour la montée de couches nouvelles dans le catholicisme actif : la relève de “l'homme d'œuvres” traditionnel, du colonel en retraite, du hobereau, par le militant d'Action catholique, le syndicaliste ouvrier, le paysan ou l'intellectuel, s'est préparée obscurément avant la guerre. Cette reconstitution d'un "peuple" catholique, tout différent de celui qui suivait à la fin du XIXe siècle les mots d'ordre des journaux d'extrême-droite, le lent glissement qui a fait passer l'influence des notables traditionnels à une élite dirigeante nouvelle, ces phénomènes essentiels, et dont l'importance dépasse largement les frontières de la société catholique, trouvent leur origine dans les dix années qui précédèrent la guerre [1]. »

Il faut certes insister sur l'extraordinaire approfondissement que représentent les auteurs dont nous avons étudié les œuvres au centre de ce livre. Le temps était à des doctrines de l'historique et du social mais trahissant l'homme parce qu'elles l'enserraient dans des images ou figures limitées, prétendument universelles, une race orgueilleuse, une classe triomphante. Nos auteurs, surtout Fessard, Teilhard, de Lubac, comprennent eux aussi l'homme comme franchement social, l'homme dans une totalité historique, mais jamais arrêtée à des figures particulières, toujours récapitulatrice, débordant donc les temps eux-mêmes. Il n'y a pas d'autre moyen d'être à la dimension et mesure de l'homme. Cela n'est possible que par la paradoxale mais nécessaire unité de la socialisation et de la personnalisation. Nos auteurs ne sont pas séduits par l'individualisme, pour contrer l'historicisme social de leur époque, mais ils accordent un prix sans mesure à l'individuel, au personnel : l'union, la synthèse, la socialité ne peut, selon eux, qu'exalter autant l'individualité. Au vrai il n'y a d'individualité pleinement satisfaisante qu'au niveau de l'humanité une tout entière, elle souffre sans cela de terrible incomplétude. Ils ont l'ambition, disons-le à nouveau avec Teilhard, de la pleine, fût-elle paradoxale, conciliation de la socialisation et de la personnalisation : tout ce qui l'approche, fût-ce d'un peu, est précieux pour eux. Cela conforté et assuré, d'autre part, par la perspective de la réunion de tous les hommes dans le Corps unique de Jésus-Christ, à l'extrême aussi en Dieu trinitaire. Nos auteurs

1. R. RÉMOND, p. 239-240.

présentent à un monde désorienté une philosophie d'indissoluble unité du personnel et du social. Ils ne le font jamais que grâce à quelque reflet d'une lumière proprement théologique, mais la philosophie porte déjà inéluctablement dans cette direction, selon eux, si elle ne veut rien renier de ses bases phénoménologiques.

Appendice I

ITALIE (DON STURZO)
ALLEMAGNE
(OSWALD VON NELL-BREUNING)
ÉTATS-UNIS (JOHN A. RYAN)

Dans le monde catholique européen, hors de France, il faut surtout considérer, pour la période que nous avons étudiée, l'Italie et l'Allemagne. Dans les deux cas, s'observe il est vrai, à partir de l'avènement des dictatures, une presque totale interruption du mouvement de pensée sociale catholique libre. Hors d'Europe, sans pouvoir être exhaustifs, nous considérerons quelques traits des États-Unis.

En Italie : Don Sturzo.

En Italie, qui est sortie de la Première Guerre mondiale en pleine crise et où va bientôt monter le fascisme mussolinien [1], la figure qui retient surtout l'attention est celle de Don Sturzo (1871-1959), fondateur de l'éphémère Parti populaire italien. Un parti que jugent de façon mitigée les politologues P. Milza et S. Berstein qui ont écrit en France sur le fascisme italien : « Avec la gauche marxiste, notent-ils, le jeune parti populaire italien constitue, dans le contexte de vie politique qui caractérise l'Italie de l'après-guerre, l'instrument d'une transformation du

1. Voir P. Milza et S. Berstein, *Le Fascisme italien 1919-1945*, Éd. du Seuil, 1980.

régime dans le sens d'une plus grande justice sociale et d'une démocratisation plus poussée. Son dynamisme, son audience auprès des masses italiennes, ses relations privilégiées avec l'Église catholique dans un pays où le fait religieux conserve une influence considérable sur les classes populaires, lui offrent la possibilité de devenir la grande force politique de l'après-guerre et d'occuper, avec les socialistes, le terrain perdu par les formations traditionnelles et non encore conquis par le fascisme naissant. Encore faudrait-il, pour que cet objectif soit atteint, que ses dirigeants soient d'accord sur un même projet de société, ce qui est loin d'être le cas… » « Préfiguration de la démocratie-chrétienne d'aujourd'hui, précisent nos auteurs, le PPI en annonce tous les déchirements et toutes les équivoques. Adversaire des partis traditionnels, dont il méprise le jeu politicien, mais aussi d'un socialisme dont les surenchères verbales l'effraient, il ne saura au moment du danger ni soutenir avec assez de fermeté les leaders libéraux, ni s'allier à la gauche pour battre le fascisme. Ainsi laissera-t-il passer l'occasion qui lui était offerte de devenir l'axe d'une coalition libérale-démocratique – également éloignée des fascistes et des maximalistes – et la matrice d'une véritable démocratie sociale. Ses incertitudes tactiques et son échec final – qui ont sans doute été pour beaucoup dans la montée victorieuse du fascisme – le PPI les paiera de son existence et de l'exil de ses principaux dirigeants, tandis que l'aile conservatrice du mouvement rejoindra le camp des partisans de Mussolini [1]. » Ce récit d'une entreprise sans fermeté suffisante et de son échec important est, nous le verrons, assez largement fondé. La figure de Don Sturzo, le fondateur, et sa pensée, principalement autour de la démocratie, n'en sont pas moins fort intéressantes pour notre propos.

Né à Caltagirone en Sicile, Don Sturzo (le mot Don le désigne comme prêtre) a d'abord été longtemps secrétaire de l'Action catholique italienne et, d'autre part, maire-adjoint de sa ville. Il perçoit pendant la guerre que le temps peut être devenu favorable pour une entrée des catholiques dans la vie politique. Ils en

1. P. Milza et S. Berstein, p. 158.

avaient été tenus à l'écart depuis l'unification de l'Italie par le *Non expedit* du pape. *Non expedit* : il ne convient pas, en raison de la situation faite au pape par le gouvernement italien, que les catholiques participent aux élections politiques dans leur pays. Benoît XV autorise néanmoins Don Sturzo à fonder un parti d'inspiration démocrate-chrétienne, mais qui ne soit pas officiellement catholique.

Le prêtre se lance par un discours fameux du 17 novembre 1918 à Milan. Un peu plus tard, un manifeste annonce un parti qui puisse remplacer l'État centralisateur par un État populaire respectant les organismes « naturels », la famille, la commune, ainsi que la personnalité individuelle et l'initiative privée. Le parti va, hélas, tout de suite rassembler une trop grande variété de tendances depuis des ultraconservateurs jusqu'à des gauchistes radicaux. Il dépend par ailleurs étroitement de l'Église, et est vu, quoi qu'il en soit de l'intention à sa fondation, comme l'expression politique du catholicisme. Deux caractéristiques d'autant plus graves qu'il apparaît comme la plus puissante organisation se réclamant de la démocratie libérale et par conséquent comme celle qui a vocation à gouverner le pays. Il obtiendra 20,5 % des voix en novembre 1919.

Don Sturzo donne alors un soutien trop réticent, trop marchandé aux deux hommes, Nitti et Giolitti, qui essaient de résoudre la crise de la démocratie libérale. Il s'entend ensuite avec Bonomi, en 1921-1922, mais marchande à nouveau avec lui. Après la chute de Bonomi, il cherche à se rapprocher des socialistes modérés pour barrer la route au fascisme. Mais des membres proches de la Curie romaine se séparent alors de lui et, après la scission socialistes-communistes au congrès de Livourne (en octobre 1922), Don Sturzo ne cherche plus à s'entendre avec les « unitaires ». Il assiste impuissant à l'avènement de Mussolini.

À nouveau, il louvoie ensuite dans les relations avec les fascistes. À la fin, il est lâché par le Vatican, à la recherche pour sa part d'une normalisation des rapports de l'Église et de l'État. Le 10 juillet 1923, il remet sa démission de secrétaire politique du parti. L'année suivante, le parti même a vécu, les fascistes proclament la déchéance du mandat de 123 membres de l'opposition, un grand nombre sont les représentants du parti de Don Sturzo. Celui-ci part à Londres. Il y demeure en exil jusqu'après la Seconde Guerre mondiale (1945). Il séjourne souvent à Paris aussi. Il écrit.

Ses idées dans le discours fondateur de son parti.

Pour donner la mesure de sa pensée, je transcris ici d'abord quelques paragraphes du discours fondateur du 17 novembre 1918 (qui avait pour titre « Les problèmes de l'après-guerre »). Sturzo s'en prend, comme il s'en prendra toute sa vie, à l'omnipotence de l'État, qu'il a cru observer dans l'État libéral italien, et qu'il retrouvera bien entendu avec le développement des diverses dictatures d'Europe. Il dit : « Avec l'effondrement de l'Allemagne, est entrée en crise profonde l'absurdité pratique que représente la conception panthéiste de l'État, qui soumet tout à sa force, le monde intérieur et extérieur, l'homme et sa raison d'être, les forces sociales et les rapports humains, dans la déification d'une force et d'un pouvoir absolu, mis à la place des grandes raisons de justice et des grandes finalités de l'esprit. Cette conception panthéiste a pénétré, avec des degrés d'intensité divers, dans toutes les nations civilisées de caractère libéral et démocratique, et dans la pensée qui donne la philosophie du droit public [1]. »

Il dénonce, un peu plus loin, « l'État souverain absolu, force de domination et d'agrégation, norme et loi morale, pouvoir incoercible, synthèse unique de volonté collective [2] ». Pour lui donc, le grand problème est celui de « l'équilibre entre le développement de la personnalité individuelle et celui de la raison collective, afin que chaque lien entraîne un progrès (une

1. Luigi STURZO, *Discorsi politici*, Ist. Rome, 1951, p. 388.
2. *Ibid.*, p. 389.

élévation), et que chaque progrès soit la conquête d'une liberté [1] ». Aujourd'hui, « il y a déséquilibre [2] ».

Don Sturzo lutte aussi pour la reconnaissance d'une organisation « de classe » sur la base du travail. Mais il est méfiant à l'égard du socialisme et explique que « la théorie du matérialisme historique rejoint la construction panthéiste de l'État ; ces deux conceptions germaniques ont imprégné institutions, tendances et partis de leur néfaste influence [3] ».

La sociologie de Don Sturzo.

En 1937 il reprend beaucoup des thèmes importants de sa pensée, de sa philosophie politique surtout, dans un ouvrage de fond sur *Politique et Morale* publié à Paris chez Bloud et Gay dans les Cahiers de la Nouvelle Journée, dont nous allons aussi analyser quelques idées essentielles – à travers des passages importants. Voici d'abord le problème même de la morale en politique. Notre auteur entend le poser sous l'angle « sociologique », établir les « Données sociologiques du problème de la morale dans la politique ». Tant « la possession des biens terrestres » que le pouvoir coercitif de l'autorité publique, explique-t-il en fait, ont été considérés depuis le début du christianisme comme la conséquence du péché originel, « châtiment de la première faute » ou « cause plus ou moins lointaine de péché » [4]. Voilà assurément une sociologie qui va loin en amont.

« Une fois admis (ainsi) que la possession et le pouvoir sont naturellement liés à la structure de la société (du moins telle que celle-ci se présente à nous historiquement), le premier aspect du problème sociologique de la moralisation des institutions est, poursuit Sturzo, celui de leur limitation. » Nous revenons au sujet du discours de Milan. Une possession et un pouvoir

1. *Ibid.*
2. *Ibid.*, p. 390.
3. *Ibid.*, p. 407.
4. *Politique et Morale*, Bloud et Gay, 1937, p. 5.

illimités « sont, dit-il, par le fait même d'être illimités, sources de maux [1] ». L'effort consistera alors, souvent et en particulier, à éviter que le pouvoir et la propriété aillent *ensemble*.

Il y a eu des essais (communisme de l'Église apostolique à Jérusalem et à Alexandrie d'Égypte, « réductions » jésuites du Paraguay) pour « séparer la possession du pouvoir, au moyen de la communauté des biens (partielle ou totale) et de l'établissement d'une autorité morale intervenant dans l'administration et l'affectation des richesses de la communauté mais n'étant pas personnellement possédante. Ce furent des tentatives sans étendue spatiale et temporelle, réalisées sur le plan religieux et moral, dont la beauté resplendit, puis s'évanouit comme un songe [2] ».

Ensuite, des limitations ont pu être « apportées par le pouvoir à la propriété » en même temps que « la garantie de leur existence pour les membres des classes possédantes ». Cependant, « les limitations apportées par le pouvoir à la propriété devenaient de plus en plus incertaines, à mesure que celle-ci était davantage unie ou assimilée au pouvoir [3] ». Aujourd'hui, « il est reconnu à tous le droit potentiel de posséder ; les privilèges politiques de la propriété sont abolis ; le nombre des petits propriétaires a augmenté ; le travail est ennobli et protégé contre certains abus et injustices ; l'excès des richesses est limité par la part qu'en prélève l'État… Il pourrait sembler que nous vivons dans la période dorée de la moralité, sur le plan économique, étant donné les limitations imposées par le pouvoir politique ». Hélas, dit Don Sturzo, « le revers de la médaille est assez sombre » : « Au droit potentiel de posséder ne correspond pas la possibilité de fait, en raison de la pression du capitalisme et de la tendance à monopoliser l'économie. À l'abolition des privilèges politiques de la richesse a succédé l'augmentation de l'influence de la haute banque et des grands trusts sur la

1. *Politique et Morale*, p. 7.
2. *Ibid.*
3. *Ibid.*

politique, au point qu'elle apparaît presque comme un État dans l'État[1]. »

Quant aux « limitations apportées au pouvoir par la possession des biens », quelque chose a fonctionné avec une aristocratie terrienne en face d'une monarchie, également avec l'Église, avec les communes libres, mais toujours, il est vrai, la monarchie a gagné. On a ensuite individualisé la propriété, et universalisé le pouvoir en le fondant sur la « souveraineté populaire ». « Les limitations au pouvoir devenaient intérieures et autonomes[2]. » En fait, on tourna aussi l'individualisation de la propriété par la société anonyme. Et la souveraineté populaire fut « conçue de manière individualiste. Elle tomba ainsi à la merci des agitateurs et sous l'influence du capitalisme, manquant de formes organiques, d'éléments responsables fondés sur des structures propres à donner une valeur morale et définitive aux votes et aux plébiscites[3] ». « Le pouvoir, nominalement universalisé, se centralisait en fait et se fortifiait[4] », dit Don Sturzo.

L'Église fut éliminée, quant à elle, « en tant qu'organisme contribuant à limiter le pouvoir[5] ».

Morale nécessaire mais mise en crise par le totalitarisme.

« Entre les deux extrêmes de la démocratie individualiste et de l'absolutisme tyrannique, sont possibles, poursuit Don Sturzo plus généralement, des combinaisons nombreuses et variées de limitations organiques au pouvoir[6]. » Et il faut vraiment de telles limitations organiques (pas seulement la liberté individualiste) tant au pouvoir qu'à la propriété. « Tout pouvoir, politique

1. *Ibid.*, p. 8.
2. *Ibid.*, p. 9.
3. *Ibid.*, p. 10.
4. *Ibid.*
5. *Ibid.*
6. *Ibid.*, p. 13.

ou économique, ou de toute autre nature, qui n'a pas de limitations organiques, devient [en effet] facilement un pouvoir immoral. Des limitations organiques sont nécessaires comme préliminaires à la moralisation du pouvoir (quelle que soit la forme de l'État, démocratique ou aristocratique, républicain ou monarchique, libéral ou paternel) [1]. » Cependant, « les limitations organiques ne suffisent pas, il faut des limitations idéales acceptées de tous par conviction. Le caractère éthique de la société prévaut sur les autres caractères et forme la substance de ce que nous appelons civilisation [2] ».

Même, « la convergence morale d'un peuple est caractérisée par sa conscience religieuse [3] », dit ensuite Sturzo. (Il note certes alors les effets de la déchristianisation.) « Bolchevisme, fascisme, nazisme tendent, eux, à résoudre l'éthique dans le pouvoir. Ils cherchent à annuler la base véritable de l'éthique qui est la personne humaine, ou, pour mieux dire, ils transfèrent les valeurs éthiques, de la personnalité individuelle dans la personnalité collective (comprise comme nation, ou race, ou peuple, ou classe), collectivité non seulement unifiée, mais encore hypostasiée, comme si elle avait une âme et une volonté propres [4]. » On a alors le « totalitarisme ». « Le mot est de fraîche date, mais ce qu'il signifie remonte en quelque manière au temps des empires assyrien et babylonien. Le fascisme a créé un État totalitaire, lui donnant de plus sa définition : Rien en dehors ou au-dessus de l'État, rien contre l'État. Tout dans l'État, tout pour l'État [5]. »

---

1. *Politique et Morale*, p. 13.
2. *Ibid.*
3. *Ibid.*, p. 15.
4. *Ibid.*
5. *Ibid.*, p. 19.

L'histoire de l'État et de la souveraineté.

D'où vient historiquement tout cela, se demande Sturzo ? Il étudie alors longuement le développement de l'idée de l'État et de sa souveraineté [1]. « Au Moyen Âge on ne parlait pas d'État, mais de royaumes et de rois, d'empires et d'empereurs, de seigneurs et de vassaux, de villes et de républiques [...]. La base juridique de ce monde médiéval était contractuelle, de caractère privé et personnel. Même les rapports entre le peuple ou la nation et le roi ou l'empereur étaient conçus comme un contrat ayant pour objet le lien mutuel de fidélité et de loyauté ; le roi était tenu de respecter les lois communes et les privilèges de maints particuliers et ceux des groupements ; et ceux-ci devraient fidélité et appui à la personne du roi [...]. Il faut arriver à la Renaissance et passer par la Réforme et la Contre-réforme pour que l'idée d'État se dessine et s'impose aux habitudes mentales [...]. Le mot "État" prit naissance en Italie pour exprimer l'idée de "stabilité", au moment précis de la Renaissance, où dans les petites principautés, duchés et marquisats existants, ou même pesudo-républiques (à l'exception de Venise), ce qui faisait le plus défaut c'était justement la stabilité du pouvoir [2]. »

« Machiavel inventa, en politique, la "vérité effective", appelée plus tard "raison d'État", de même qu'au siècle dernier, on inventa le mot "Realpolitik" ou politique réaliste. La chose signifiée est la même. La fin cherchée par le dominateur est la règle à laquelle sont subordonnées les fins particulières des sujets. Les moyens n'ont pas beaucoup d'importance ; tant mieux s'ils sont honnêtes ; s'ils ne le sont pas, pourvu qu'ils soient utiles, ils ne sont pas à exclure [3]. » Puis, « de Machiavel à Luther, le saut est à peine sensible... Luther détacha la morale de

1. *Ibid.*, p. 20-25.
2. *Ibid.*, p. 20.
3. *Ibid.*, p. 21.

la foi et il abandonna la vie morale tout entière et l'organisation religieuse aux mains de l'autorité séculière [1] ».

Sturzo traverse ensuite l'époque moderne, la souveraineté « de droit divin » et « de droit naturel », pour en arriver à la « souveraineté populaire », selon Rousseau, qui « n'a pas de limites en dehors de la volonté collective, qui fait la loi par elle-même ». « Que celle-ci se résolût en loi de la majorité, ou en loi des représentants ou délégués, d'après les différentes formes pratiques adoptées dans l'organisation de la démocratie, cela n'enlevait rien au caractère absolu d'une souveraineté sans autre limite que la volonté collective [2]. »

Sur les étapes récentes, relevons encore ces jugements : « Derrière la devise de la démocratie à la française, aussi bien que derrière l'autoritarisme de Bismarck ou de Guillaume, se trouve toujours l'État national [...]. Sous toutes les latitudes, les caractéristiques de l'État national furent le centralisme toujours croissant, le militarisme fondé sur la conscription et les armées permanentes, l'école d'État en tant que moyen de créer un conformisme national (une unité morale nationale) [3]. » Puis : « L'Église redouble l'intensité de sa lutte contre le libéralisme, pour des raisons théoriques et en vue de positions pratiques qu'elle devait défendre ; mais la lutte essentielle fut surtout la lutte contre l'État national, et dans cette lutte elle fut vaincue [4]. »

Les « solutions » contemporaines. Démocratie malgré tout.

Qu'est-ce que l'État *totalitaire* qui s'est maintenant développé ? « La centralisation administrative y est poussée à l'extrême. » Il y a souvent parti unique. Il y a des exclusions. L'arbitraire judiciaire. Également la suppression des libertés [5].

1. *Politique et Morale*, p. 21.
2. *Ibid.*, p. 23.
3. *Ibid.*, p. 26.
4. *Ibid.*, p. 27.
5. *Ibid.*, p. 28.

Suit la militarisation du pays [1]. Et un « enseignement d'État rigoureusement monopolisé ». De plus, « le livre officiel, le journal étatisé et standardisé, le cinéma, la radio, le sport, les associations scolaires, les prix, le tout étant non seulement contrôlé, mais orienté vers une fin : le culte de l'État totalitaire, sous le signe soit de la nation, soit de la race, soit de la classe [2] ». « Régime économique rigoureusement contrôlé [3] », dit aussi Sturzo.

En face du totalitarisme il y a loin, hélas, d'y avoir accord, explique-t-il. « L'opinion publique se trouve divisée entre ceux qui veulent résoudre la crise en faveur de la démocratie, et ceux qui croient que la démocratie est mourante et qu'il faudrait lui donner le coup de grâce. Nous ne sommes pas de ces derniers, mais nous ne voulons pas être non plus de ces médecins qui, au chevet du malade, vantent des spécifiques miracles et des élixirs de vie. Nous sommes de ceux qui veulent comprendre et si, après tout, la maladie est inguérissable, que la démocratie meure ! Elle ira au cimetière où l'histoire a déjà enseveli pas mal d'institutions, telles que la féodalité, les monarchies de droit divin, les gouvernements paternalistes, la Sainte Alliance et tant d'autres [4]. »

Quels sont les problèmes, donc graves, de la démocratie ? Il y a aujourd'hui nécessité d'organiser l'énorme démos pour que le gouvernement soit possible. Mais le système représentatif, parlementaire, est en crise. Et « la crise, qui est surtout une crise du parlementarisme, s'étend à la démocratie [5] ».

« Un autre élément [aspect] de la démocratie moderne, c'est, dit Sturzo, son fondement individualiste [...]. Tout organisme intermédiaire dans le plan politique a été aboli ou détruit [6]. » Sturzo signale ici le déclin de la famille [7], la difficulté d'obtenir

1. *Ibid.*, p. 29.
2. *Ibid.*, p. 30.
3. *Ibid.*, p. 31.
4. *Ibid.*, p. 34.
5. *Ibid.*, p. 35.
6. *Ibid.*
7. *Ibid.*, p. 39.

un statut légal pour les classes travailleuses [1], le fait de communes sans véritable autonomie. « Corps libres sans personnalité, tout entiers sous l'emprise du pouvoir central, bureaucratisés ou absorbés par l'État [2]. »

L'*État corporatif* dont on parle est-il une réponse ? « Quand il y avait de vraies corporations, au Moyen Âge, il n'y avait pas d'État, dans le sens moderne du terme », note Sturzo [3]. En fait, ce qui se passe, c'est que « c'est l'État même qui, devenant représentant absolu de l'économie nationale, donnerait aux corporations un caractère et une participation politique [4] ». « Pour nous, dit Sturzo, un véritable État corporatif ne peut exister. » Pas non plus au sens d'État résultante des corporations. « Il faudrait baser toute la vie d'un pays sur le facteur économique, ce qui est une erreur et un non-sens [5]. »

La question du parlement alors ? « Un illustre professeur de droit constitutionnel italien, Giorgio Arcoleo, disait qu'il fallait préférer une mauvaise Chambre à n'importe quelle antichambre. Que substituerait-on au parlement ? Ou la multitude, ce qui ne serait favorable ni au gouvernement ni aux gouvernés ; ou bien une autre assemblée, nommée d'une autre façon, avec d'autres pouvoirs [...] c'est-à-dire un parlement réformé. Et voilà le point essentiel, la réforme du parlement [6]. » « Une des plus grosses difficultés des grandes démocraties modernes est celle de donner au corps électoral une structure organique qui ne viole pas la liberté, et une orientation morale qui ne soit pas un obstacle à l'initiative personnelle [7]. »

« Pour que la démocratie d'une grande nation arrive à surpasser le vieil individualisme électoral, dit encore Sturzo, il faut que les partis acquièrent une force organique [8]. » Qu'ils ne

---

1. *Politique et Morale*, p. 39.
2. *Ibid.*
3. *Ibid.*
4. *Ibid.*, p. 40.
5. *Ibid.*
6. *Ibid.*, p. 41.
7. *Ibid.*, p. 42.
8. *Ibid.*, p. 43.

se fassent pas et ne se défassent pas « au gré de la mobilité des passions politiques, ou selon la passion de clubs et factions électorales ». « Il faut qu'ils soient des organes stables, fondés sur des intérêts réels, politiques, sociaux et économiques, et que leur expression soit libre d'influences occultes, tant de sectes secrètes que d'agents étrangers. »

« Le système dit de la représentation proportionnelle contribue pour beaucoup à donner une consistance organique aux partis, ajoute Sturzo : il enlève le monopole électoral à certains groupes, familiaux en particulier, qui se forment facilement dans les petites circonscriptions ; il diminue la corruption électorale, augmente la valeur des partis d'idées, donne une voix à la minorité et crée une vraie conscience de parti [1]. » La représentation proportionnelle peut, hélas, aussi conduire à la fragmentation, à l'instabilité. « Ce système fut mal interprété là où on en fit une méthode de multiplication des partis, rendant les assemblées instables et la formation des gouvernements difficile. Ici le remède fut pire que le mal [2]. »

Il faut en tout cas traiter aussi l'aspect moral de la crise, poursuit Sturzo. « La faiblesse de l'autorité dépend en grande partie de la crise de l'unité de l'esprit collectif de chaque pays [3]. » Il y a un grave problème, par exemple, du fait d'une classe ouvrière qui aspire, elle, à la dictature du prolétariat.

Les régimes démocratiques, qu'en penser au total ? « Leur expérience est récente et incomplète, leurs difficultés considérables, les crises graves, les formules adoptées ne sont pas toujours heureuses et ne répondent pas toujours à la structure sociale, étant souvent fondées sur un individualisme exagéré et désorganisant. Cependant, le progrès de l'humanité dans tous les pays où ils furent instaurés durant ce que nous pouvons appeler la première phase démocratique moderne a été notable et considérable, l'effort vers un avenir meilleur continu [4]. »

---

1. *Ibid.*
2. *Ibid.*, p. 43-44.
3. *Ibid.*, p. 44.
4. *Ibid.*, p. 50.

La politique comme morale.

Sturzo revient d'autre part constamment sur le problème de la morale en politique. La politique est morale déjà, explique-t-il, si elle tient compte de l'utilité commune et pas seulement particulière. « La conception utilitaire se transforme peu à peu en conception morale lorsque de la considération de l'utilité d'un seul individu, monarque ou dictateur, on passe à celle d'un grand nombre d'individus, de la considération de l'utilité d'une seule caste (noblesse, clergé, armée) à celle de classes différentes, de la considération de l'utilité d'une cité ou d'une région à celle des pays divers dont est composée la nation [...]. Plus l'avantage recherché est d'un intérêt général, plus la politique tend à assumer les caractères de la moralité et mieux elle atteint sa fin véritable [1]. »

« Une des objections les plus fortes, dit alors Sturzo, qui soient formulées contre la prédominance de la moralité sur la politique est que le choix dicté par la conscience pourrait être fait souvent d'un seul côté et que l'adversaire peu scrupuleux en profiterait [...]. Ce raisonnement est boiteux, parce qu'il ne tient pas compte de la puissance des valeurs morales. L'Allemagne envahit le territoire belge afin d'écraser la France plus sûrement et d'atteindre Paris en quelques jours. Mais la violation de la neutralité belge décida l'Angleterre à entrer en guerre et amena exactement le contraire de ce que prévoyait l'Allemagne. Celle-ci pensa terrifier les Alliés en coulant des navires de voyageurs, mais ce fut la perte du *Lusitania* qui conduisit les États-Unis à lui déclarer la guerre et cette intervention décida de la victoire des Alliés. Les valeurs morales triomphèrent des avantages matériels. Certes, les valeurs morales doivent être soutenues effectivement, si elles doivent triompher [2]. » Don Sturzo était néanmoins conscient des faiblesses des démocraties en matière de valeurs morales aussi : elles recèlent beaucoup « d'immoralité et d'inhumanité ». Il exigeait donc de grands

1. *Politique et Morale*, p. 56-57.
2. *Ibid.*, p. 64-65.

efforts pour un retour au « respect total de la personne humaine », cela n'allant pas de soi [1].

Parti catholique ?

Voici quelques remarques, par ailleurs, dans notre contexte, sur la question du « parti catholique ». Don Sturzo n'a pas voulu en constituer un : une institution de ce genre, justifiable en d'autres pays auparavant sans doute, ne lui semblait « plus » opportune, pour l'Italie en tout cas. Mais il était soucieux d'un parti qui « se fondât sur la morale chrétienne et sur la liberté », il redoutait pour les catholiques l'entrée dans d'autres organisations sans attaches à une telle morale. Il disait à cet égard : « Il est une chose que mon expérience m'a toujours amené à vérifier, c'est que les catholiques qui entrent dans des partis strictement politiques non seulement perdent le sens de l'apostolat social et moral, qu'on trouve dans les partis d'inspiration chrétienne ; mais, de plus, s'attachent trop aux aspects matériels et utilitaires de la politique, ils n'arrivent plus à distinguer entre les moyens honnêtes et les moyens que j'appellerai discutables ; ces catholiques deviennent souvent une minorité isolée et sans influence au milieu d'une majorité trop matérialiste et... réaliste. Un parti, pour les catholiques, n'a pas seulement à être un instrument politique, il faut qu'il ait un programme idéal et moral [2]. »

Problèmes des nationalités, des minorités, des races.

Don Sturzo s'est encore intéressé au difficile problème – difficile particulièrement à son époque – des nationalités, des minorités, des irrédentismes, des races. Il adoptait à ce sujet une position modérée, traduite par exemple dans ce texte : « Entre peuples différents, astreints à cohabiter dans un seul État, les

1. *Ibid.*, p. 66-67.
2. *Ibid.*, p. 94.

obligations morales réciproques ne peuvent être observées que grâce à des lois justes et à une politique de gouvernement équitable. Il faut briser le cercle fermé de l'injustice d'en haut et de la révolte d'en bas. C'est le gouvernement qui doit, le premier, s'imposer une ligne de moralité. Celle-ci est fondée sur le principe de la personnalité. Il n'y a ni moralité humaine ni moralité chrétienne, si la personnalité ne garde pas sa valeur, sa responsabilité, si elle n'est pas libre de donner son adhésion consciente à la loi. La personnalité est strictement individuelle, mais comme il n'y a ni individus sans société, ni société sans individus, toutes les formations sociales ne sont que des prolongements de la personnalité : l'on va de la famille domestique à la famille des peuples [1]. » Sturzo met en avant, en général, un principe de « fédération », cela allant jusqu'au niveau de l'Europe entière, espérée comme « une fédération comprenant les nationalités, les minorités, les races, unies dans une coopération pacifique [2] ».

On ne manque pas d'être saisi de la modernité de ces divers propos de Sturzo. En tout cas, ils seront, après la Seconde Guerre mondiale, la doctrine politique des catholiques italiens, de bien d'autres aussi, démocrates comme ils ne l'avaient jamais été auparavant. Moralement exigeants en même temps, jusqu'à ce que leurs organisations soient atteintes par une néfaste usure [3].

En Allemagne : un « solidarisme » organique.

En Allemagne, dans la même période, la scène de la pensée sociale catholique est dominée par le « solidarisme », encore représenté par le Père Heinrich Pesch (1854-1926) dont le

1. *Politique et Morale*, p. 123.
2. *Ibid.*
3. Principaux ouvrages de Don Sturzo : *Discorsi politici*, 1951 ; *Riforma statale a indirizzi politici*, 1922 (repris dans les *Discorsi*) ; *Popularismo e fascismo*, 1924 (historique) ; *Politique et Morale*, 1938 ; *L'italie et le fascisme*, 1927 ; *L'Église et l'État*, 1937 ; *Dall'idea al fatto* (repris dans les *Discorsi*).

Lehrbuch der Nationalökonomie en est en 1925 à sa 5e édition, mais, de plus en plus, par les Pères Oswald von Nell-Breuning (né en 1890, mort en 1991) et Gustav Gundlach (né en 1892, mort, lui, en 1963).

Le courant romantique issu du baron Karl von Vogelsang, franchement hostile au libéralisme capitaliste et, au fond, au système industriel comme tel, continue à être présent, mais bien davantage en Autriche qu'en Allemagne. En Allemagne, on a en général adopté plutôt une position que nous pourrions appeler réformiste : acceptant, ne rejetant pas le système capitaliste, on cherche à en réprimer les débordements, les abus (*Auswüchse*). À noter que, dans l'usage allemand de l'époque, la *Sozialreform* désigne la position de l'école romantique, le réformisme dont je viens de parler est appelé *Sozialpolitik*. Dans l'esprit de la *Sozialpolitik*, ce que H. Pesch disait rejeter c'était (seulement) « la position de domination absolue de la propriété du capital et la recherche effrénée de profit qui résultent de la déviation individualiste, libre-échangiste, de l'organisation privée de l'économie », et encore « l'appétit de gain usuraire à la Mammon », ayant pris « la place d'une recherche mesurée de gain [1] ».

1926 avait vu la publication d'un document dit « Orientations pour une entente au plan social » *(Richtlinien zur sozialen Verständigung)* proposé à l'initiative du cardinal Schulte, archevêque de Cologne. Il recommandait de bien distinguer le capitalisme comme système économique technique – disons comme technique économique – tourné vers l'accroissement du capital, « à ne pas rejeter du point de vue chrétien », et la « mentalité capitaliste », recherche exclusivement du profit « sans considération du sort des hommes à l'œuvre à son service ». Le Père von Nell-Breuning commentait [2] : « L'organisation économique capitaliste,

1. Cité par Franz Josef STEGMANN, « Der Sozialpolitische Weg im deutschsprachigen Katholizismus », dans A. RAUSCHER (éd.), *90 Jahre Rerum novarum*, J.-P. Bachem Verlag, Cologne, 1982, p. 109.

2. Dans *Kirche und Kapitalismus*, Mönchen-Gladbach, 1929.

c'est-à-dire orientée vers l'accroissement du capital, n'est pas en soi mauvaise ou immorale [...]. Là où l'organisation économique capitaliste est en place, rien ne s'oppose du point de vue de l'Église à ce que nous participions à cette économie. » Il faut certes que les pouvoirs publics mettent des freins à l'appétit de gain nécessaire pour le fonctionnement de l'économie : il faut donc « que l'État exerce son influence pour freiner la recherche du gain », mais il ne faut pas « que l'État substitue la bureaucratie à cette recherche de gain [1] ».

Quelque chose du vieux courant romantique pénétrait pourtant jusqu'à cette position ouverte à l'organisation économique moderne, même capitaliste, c'était l'idée d'une organisation par des communautés professionnelles *(berufständische Ordnung)*, adaptation de l'organisation ancienne en « états » *(Stände)* : idée qui a une place considérable, même dans la pensée du Père von Nell-Breuning à cette époque – et dont il est d'ailleurs probablement à l'origine (comme l'un des principaux rédacteurs) dans l'encyclique *Quadragesimo anno* de Pie XI (1931).

Nos auteurs distinguaient certes le modèle d'organisation en « états professionnels » *(Berufstände)* du système des « états » *(Stände)* traditionnels. Les « états » traditionnels étaient subordonnés les uns aux autres. Les « états (corps) professionnels » devaient être au contraire des groupements verticalement organisés chacun et coordonnés entre eux. D'autre part, on appartenait automatiquement aux vieux « états » par sa naissance ou sa situation ; aux « états (corps) professionnels » on appartiendra par libre décision. Le Père Pesch voyait « ceux qui coopèrent dans la même profession se réunir dans la communauté de profession correspondante ».

Le Père von Nell-Breuning, pour sa part, rappelle encore en 1972 *(Wie sozial ist die Kirche ?)* que, dans cette perspective, « les diverses prestations », « les diverses contributions au bien commun », et non pas « la position occupée par chacun, d'un côté ou de l'autre, sur le marché du travail », devaient

---

1. F.J. STEGMANN, dans A. RAUSCHER (éd.), *90 Jahre Rerum novarum*, p. 109.

déterminer l'articulation *(Gliederung)* de l'économie et de la société. Il n'y a pas à considérer que quelqu'un est entrepreneur indépendant, manager, employé d'exécution, ouvrier, etc., mais ce que toutes ces personnes font ensemble… C'est pourquoi l'organisation de la société en corps professionnels traverse le découpage en classes *(Klassenschichtung)* : les fronts de classes sont par là détruits [1].

Un exposé de la *Berufständische Gesellschaftsordnung* se trouve dans un article du *Wörterbuch der Politik*, d'abord prépublié dans des *Beiträge zu einem Wörterbuch der Politik* (Herder) en 1947. Mais on peut tout autant s'appuyer sur le commentaire de *Quadragesimo anno* qui a l'avantage d'exister en traduction anglaise sous le titre *Reorganization of Social Economy*, 1937. Dans la tradition de Mgr Ketteler, von Nell-Breuning y déplore l'excès d'intervention de l'État, corrélatif de l'individualisation – atomisation de la société – qui s'est produit au XIXe siècle. Au sens strict, c'est l'atomisation qu'il déplore surtout. À ses yeux, même les communes – même en Allemagne, pouvons-nous ajouter – n'ont plus de vraie autonomie [2].

On dit aussi qu'il y a beaucoup d'organisations sociales, mais en fait elles représentent toutes des *special interests*, des intérêts particuliers [3]. Or « la représentation d'intérêts est certainement justifiée » mais seulement cependant « sous condition que l'intérêt lui-même soit justifié et ne soit pas en opposition au bien commun ou dangereux pour lui ». « Les intérêts et les égoïsmes de groupes ou collectifs qui se rapportent aux intérêts, n'ont pas de vraie aptitude à promouvoir la vie sociale. Ils sont en particulier inaptes à développer et organiser la société nationale ou une société économique [4]. » Von Nell-Breuning ajoute : « Les individus organisés demeurent, dans leur organisation, une masse, et ont fait abandon de leur individualité pour

1. *Ibid.*, p. 124.
2. *Reorganization*, p. 204.
3. *Ibid.*
4. *Ibid.*

être ainsi une masse et devenir efficaces par le poids du nombre. Les organisations elles-mêmes ne sont pas des membres du corps de la nation – la nation qui est organisée dans l'État – mais ne sont que des groupes sociaux indépendants. Le fait de leur existence n'empêche pas que l'individu absolu et souverain soit directement confronté à l'État souverain et omnipotent ; ce fait ne fait que rendre la situation opaque [1]. »

D'où la nécessité d'affirmer le principe de *subsidiarité*, dit von Nell-Breuning. Il l'explique soigneusement en évitant son interprétation individualiste. L'économie provient en dernière analyse de l'individu et doit viser son bien, mais il s'agit de l'individu social : « Nous ne pouvons pas concevoir l'individu réel si nous ne considérons pas simultanément la société dont il est membre [2]. » Mais il ne faut pas plus donner le primat à la société par rapport à l'individu qu'à l'individu par rapport à la société : c'est là le principe de subsidiarité.

De ce principe, dit ensuite von Nell-Breuning, dérive l'idée de l'organisation de l'économie par la coopération harmonieuse de *groupes (corps) professionnels* [3]. Résumant la position de *Quadragesimo anno*, Nell-Breuning déclare : « Pour l'instant nous avons une société de classes avec des conflits de classes. L'avenir nous apportera une société articulée et organisée en corps fonctionnels coopérant de manière unie entre eux [4]. »

Capital et travail sont à la base des classes, c'est-à-dire de « groupes sociaux qui ne sont pas en relations organiques entre eux ». « Ils ne sont pas des organes du corps social, mais des accumulations d'éléments sans liens entre eux. Les deux groupes entrent certes en relations mais dans des relations qui sont essentiellement d'antagonisme [5]. » Ils sont des participants à un marché (le « marché du travail »), les parties à un marché sont naturellement antagonistes. Marché veut dire antagonisme

1. *Reorganization*, p. 205.
2. *Ibid.*, p. 207.
3. *Ibid.*, p. 209.
4. *Ibid.*, p. 212.
5. *Ibid.*, p. 215.

d'intérêts. Von Nell-Breuning écrit : « Si nous étions dans un concours pour répondre à la question : quelle est la manière la moins efficiente et la plus destructrice d'organiser la société humaine ? la seule bonne réponse serait : mettez à son centre le marché du travail. L'humanité vivrait en effet ainsi sur un volcan. Or c'est là notre présente condition [1]. » Pour y porter remède il n'y a de bonne solution à long terme que d'éliminer cet antagonisme, « d'éliminer les classes comme telles puisque leur existence conduit nécessairement à l'antagonisme de classes ». « L'antagonisme de classes, l'articulation purement mécanique en classes sociales doit faire place à une réarticulation organique de la société. L'expression réarticulation signifie qu'on reforme des groupes qui soient des membres [...]. Ces membres sont les groupes (corps) professionnels [2]. »

Les groupes professionnels sont des groupes de prestation *(Leistung)* sociale : des groupes déterminés par les prestations propres à chacun. « Toutes les personnes dont les apports à la société sont de même nature, constituent un groupe professionnel, une corporation, qui a pour base une fonction. Ceci leur donne place dans l'organisme social [3]. » Il y a là quelque chose d'organique – appartenance organique – au sens de stable. « Le membre ne perd pas aussitôt sa place, même quand il est déficient dans son opération, on le garde, et l'organisme entier s'efforce de lui rendre l'aptitude à fonctionner [4]. »

Il faut certes manier l'image organique avec précaution, il ne faut par exemple pas conclure que « l'homme, comme une cellule de l'organisme social, doit demeurer indéfiniment à la place qu'il se trouve occuper [5] ». Cela donnerait des « guildes par naissance ». L'idée complète, ensuite, est celle d'une « unité dans une multiplicité bien articulée », selon l'expression de saint Thomas, dit le Père von Nell-Breuning. « Les diverses

---

1. *Ibid.*, p. 217.
2. *Ibid.*, p. 218.
3. *Ibid.*, p. 219.
4. *Ibid.*
5. *Ibid.*, p. 220.

corporations s'unissent selon un arrangement opportun pour réaliser une tâche commune de caractère plus élevé (que ce que peut chacune d'elles), pour l'obtention d'un grand objectif commun, qui est le bien commun de la société [1]. »

On peut ajouter ici que l'on en restera, dans la pensée sociale catholique allemande, à ce genre d'expressions jusqu'après la Seconde Guerre mondiale, car la montée du national-socialisme empêchera la poursuite des réflexions – en tout cas la publication des réflexions – après la parution de l'encyclique *Quadragesimo anno*. D'autre part, plusieurs représentants du catholicisme social allemand émigrèrent aux États-Unis, où ils poursuivirent leurs travaux dans un autre environnement : Goetz Briefs (né en 1889 : à l'Université Georgetown), Theodor Brauer (1860-1943 : au Saint Thomas College, Saint Paul, Minnesota), Heinrich Rommen (né en 1897 : dans la même institution), Franz Müller (né en 1900 : à l'Université de Saint Louis, puis au Saint Thomas College de Saint Paul, Minnesota). Cette remarque nous fait déboucher sur les États-Unis, dont il est intéressant de dire quelque chose aussi dans cet appendice.

États-Unis.

Aux États-Unis, un fort courant favorable à la réforme sociale, ou courant de progressisme social s'était développé en milieu catholique depuis le début du siècle, en particulier avec Peter E. Dietz et Frederick P. Kenkel, opposés d'ailleurs entre eux autour du Central Verein, la principale organisation du catholicisme germano-américain à l'époque. Kenkel souscrivait à un organicisme du style du Moyen Âge, Dietz était plus proche des syndicats de style moderne. Dans cette ambiance vint à émerger une personnalité de très grande envergure, John Ryan, qui est au centre de notre sujet pour les années 1920-1940.

Ryan était né en 1869 à Vermillion dans le Minnesota, dans un milieu où étaient très à l'ordre du jour le populisme et l'idée

1. A. Rauscher, p. 227.

de réformes. Il fut vite saisi par la passion de la justice économique. Prêtre en 1898, il poursuivit des études en théologie morale à l'Université catholique des États-Unis, passa une thèse sur *A living wage* en 1906, enseigna au séminaire de Saint-Paul, devint un grand conférencier, coopéra à la rédaction des lois sur le salaire minimum au Minnesota, publia en 1916 un nouveau livre *Distributive justice : the Right and Wrong of our present distribution of Wealth*, puis se lança dans l'entreprise de fournir un « évangile social » aux Catholiques américains. Ce qu'avait déjà fait naguère Rauschenbusch pour les Protestants.

La guerre ayant incité les évêques américains à s'engager dans la question de la reconstruction de la société après la guerre, c'est John Ryan qui fut appelé à rédiger leur « Programme pour une reconstruction sociale » en 1919 – ou plutôt le texte, à peine corrigé, d'une conférence qu'il était justement en train de préparer sur le sujet lui fut arraché pour devenir ce document. L'Église catholique des États-Unis avait été traditionnellement considérée comme conservatrice en matière sociale. D'un seul coup, elle changeait d'image. « Miracle catholique », a dit Upton Sinclair. Le *labor* se montra favorable, le *business* hostile.

Le concept de justice était au centre du document. L'idée d'une « religion publique », disons d'une dimension publique ou socio-politique de la religion prenait aussi place, à côté d'une conception dans laquelle le catholicisme avait été très « privé ». En fait, c'était la culmination d'une évolution en cours depuis plusieurs décennies (beaucoup d'ouvriers catholiques entrant dans les syndicats, et plusieurs prêtres se préoccupant du monde du travail, devenant des *labor priests* – à ne pas confondre avec des prêtres-ouvriers).

En même temps, il est vrai, il faut ajouter que le Programme des évêques – et de John Ryan – venait au plus mauvais moment : au moment où, dit Ryan, « la pensée et l'action sociale furent refroidies et étouffées dans une atmosphère de pseudo-prospérité et de matérialisme à peine déguisé », pendant les années 20. Si bien que ce mouvement de pensée sociale progressiste étouffa bientôt et mourut. Pour reprendre, toutefois, dans les années 1930, avec la Grande Dépression, l'élection de Franklin Delano Roosevelt, en 1932, le New Deal et la fondation du CIO (Congress of Industrial Organization), en 1935. À cette date, John Ryan était toujours à l'œuvre, à la tête du Social Action Department de la NCWC (National Catholic Welfare Conference, ancêtre de la US Catholic Conference). Il se fit le chantre de Roosevelt et le propagandiste du New Deal. Roosevelt, lui, le considérait comme « l'ambassadeur du New Deal auprès des catholiques ». Jusqu'à sa mort en 1945, il ne cessa d'interpréter la tradition réformiste américaine aux catholiques, de travailler à les persuader du besoin d'un « évangile social ».

Il fut beaucoup aidé par un adjoint, Raymond A. McGowan, qui n'a pas toujours été reconnu pour ce qu'il a représenté aux côtés de Ryan. Et un autre prêtre encore compta beaucoup dans la même période, Francis J. Haas, homme d'action, important médiateur dans des conflits de travail dans les années 1930 et 1940. Mais je dois, m'engageant ainsi dans l'énumération, mentionner un autre nom encore, celui de Charles E. Coughlin, connu dans le début des années 1930 comme prédicateur radiophonique de renommée nationale, anticapitaliste comme anticommuniste. Il lui fallait cent secrétaires pour répondre à son courrier. Il fut d'abord pour Roosevelt, puis, après 1936, devint son adversaire et fonda un parti rival, « troisième parti », le Union Party. Il publiait aussi un journal, *Social Justice*. À l'anticommunisme il ajouta certes peu à peu l'antisémitisme et le pronazisme. En 1942 il dut abandonner la vie publique et retourner à sa paroisse. « *He died in 1979, a fallen, not forgotten, hero*[1]. »

Variété donc des ténors de la pensée sociale catholique américaine ! Sur un fond cependant d'engagement réformiste travailliste, dans l'esprit des grandes encycliques. Le mouvement était puissant. Il suffit d'évoquer la National Catholic Social Action Conference à Milwaukee en 1938, avec la présence de

---

1. Jay P. Dolan, *The American Catholic Experience*, Doubleday, 1985, p. 404.

25 évêques, 750 prêtres et des milliers de laïcs (animée par McGowan). McGowan promut aussi des Schools for Social Action destinées au clergé. De même des Labor Schools pour les laïcs se répandirent, il y en avait environ cent en 1945, les jésuites en ayant un quart à leur charge.

La question sociale principale était toujours celle du travail et des droits des travailleurs. On a pu dire : « La justice sociale se limitait pour les Catholiques à cette époque aux questions de l'économie et de l'industrie. » Ce n'est qu'à partir des années 50 que les préoccupations s'étendirent aux questions de race. Il faut noter d'autre part l'émergence dans les années 30 – à la fin des années 30 – d'un type nouveau de *labor priests*, du genre de Charles Owen Rice, de Pittsburg, « activiste », prompt à manifester dans la rue, même s'il n'avait pas des idées très neuves (au-delà du recours aux syndicats).

Avec la Seconde Guerre mondiale, assurément, les préoccupations issues de la Dépression s'évanouirent. On commença à se préoccuper du communisme et de son influence. Rice et son association Catholic Trade Unionists passèrent beaucoup de leur temps dans les dernières années 40 à chercher à débarrasser les syndicats de leurs communistes. Des catholiques luttèrent aussi contre la corruption dans les syndicats, leur obtenant dans les années 50 une vraie respectabilité. C'est déjà une autre époque, il est vrai.

Pas de l'action seulement.

J'ai pu, d'autre part, avec tout ce que j'ai ainsi noté, sembler parler beaucoup plus d'action que de pensée. En fait, les années 30 sont, aux États-Unis, un temps de *« Catholic revival »*, renaissance de la pensée catholique, grâce entre autres à la diffusion par les nouveaux éditeurs Sheed and Ward de la pensée catholique européenne, Maritain, Chesterton, Claudel.

Le *Catholic Worker* de Peter Maurin et Dorothy Day eut aussi une grande influence : il s'agit, dans ce cas, d'un mouvement radical et, pour faire bref, « utopique ». Peter Maurin promut pendant un temps, pour échouer d'ailleurs, le retour dans les fermes. Le mouvement fut un vrai mouvement national, attirant beaucoup de monde, dans les années 30. Un certain nombre abandonnèrent, certes, dans les années 40, à cause du pacifisme de Dorothy Day. Récemment, à la distance d'une ou deux générations, Dorothy Day redevient une figure emblématique de premier plan, on pouvait le lire dans l'hebdomadaire *America* du 29 novembre 1997 sous le titre « Dorothy Day Centenary » [1].

1. Voir, pour compléter ces remarques, Charles E. CURRAN, *American Catholic Social Ethics : Twentieth Century approachs*, University of Notre Dame Press, 1982. En particulier, chap. II : John A. RYAN, chap. III : The Central-Verein and William J. Engelen, chap. IV : The Catholic Worker and Paul Hanly Furfey ; ainsi que William D. Miller, *Dorothy Day. A biography*, Harper and Row, 1982.

Appendice II

UN REGARD SUR LE MONDE PROTESTANT KARL BARTH PRINCIPALEMENT

Il n'était pas possible de traiter dans cet ouvrage du monde protestant dans la même mesure, fût-ce modeste, où j'ai traité des penseurs catholiques. Voici du moins, dans ce nouvel Appendice, quelques coups de sonde. Le grand événement, dans notre période, quant à la pensée sociale protestante, fut le surgissement de Barth et du barthisme. Nous lui consacrerons l'essentiel de nos réflexions. Nous y ajouterons cependant de brèves remarques sur quelques autres auteurs, allemands, français, américains.

La rupture de Barth.

Karl Barth (1886-1968), calviniste suisse, premièrement pasteur dans son pays, avait d'abord été imprégné par le mouvement des « Socialistes religieux » qui constituait, dans quelques pays d'Europe, l'aile gauche du « christianisme social » protestant. Et l'un des plus illustres de ces « Socialistes religieux » était L. Ragaz, de Bâle, pas moins que le professeur de Barth. Or, voici qu'avec son fameux *Römerbrief* (Lettre aux Romains), de 1918, Barth rompt avec son maître, brutalement, violemment peut-on dire. À la grande surprise générale. L'ouvrage est une polémique serrée, quoique implicite, contre Ragaz et contre le courant de pensée qu'il représente.

Un peu plus tard, en 1919, la conférence de Tambach, qu'il

donne pourtant en remplacement de Ragaz, consomme et parachève la brouille. La correspondance entre les deux hommes ne reprendra qu'en 1944-1945 – dans une intention explicite de réconciliation d'ailleurs. Ragaz, né en 1868, allait effectivement mourir en 1945. Barth a dit à Mattmüller son biographe : « Ragaz et moi, nous nous sommes croisés comme deux trains express : lui, en sortant de l'Église, moi en y entrant. » « Alors que Ragaz insiste sur l'aspect séculier, laïc, de la personne et de l'œuvre de Jésus *(Laienhaftigkeit Jesu)*, Barth se décide, après bien des hésitations (lui aussi avait adhéré au parti social-démocrate en 1915), pour une existence ecclésiale [1]. »

Ragaz, ai-je dit, reçut mal le *Römerbrief*. « Vu du point de vue de Ragaz, dit H. Mottu, l'ouvrage équivalait à un retour au quiétisme de Kutter ; la théologie n'était plus appelée à se confronter aux Puissances sur leur terrain ; la justification par la foi seule était évoquée contre la passion du Règne de Dieu ; enfin, Ragaz ne pouvait partager ce scepticisme sans bornes à l'encontre de toute action humaine. [2] » Mattmüller écrit, lui : « Théologie et prophétie, vie en Église et vie séculière, travail scientifique et combat politique, activité académique et refus de l'intellectualisme, telles étaient désormais les positions antagonistes [3]. »

L'évolution postérieure.

Assurément, si nous poursuivons la biographie de Barth, nous le retrouvons, en 1933, à un autre tournant : il s'engage alors face au mouvement des « chrétiens allemands » favorables au national-socialisme. Au synode de Barmen, en janvier 1934, il prend position contre l'erreur *théologique* de ces « chrétiens allemands ». Et à Barmen naît l'Église confessante *(Bekennende Kirche)*, rejetant l'autorité ecclésiastique installée selon

1. H. Mottu, « Un débat inachevé : Ragaz et Barth », dans ITINERIS, *Itinéraires socialistes chrétiens*, Labor et fides, 1984, p. 62.
2. H. Mottu, p. 62.
3. T. II, p. 256.

les désirs du Reich. Barth n'a plus le droit de parler en public. En juin 1935, il est destitué de sa chaire d'enseignement et se réfugie en Suisse, à Bâle. Quand Barth entre ainsi dans les luttes du Kirchenkampf, Ragaz salue l'événement de tout cœur, sans pouvoir s'empêcher cependant de dire : « non seulement un peu tard mais trop tard » ; et écrivant que « la Théologie dialectique – celle de Barth –, en insistant sur le péché de l'homme, avait empêché de former un Front commun avec les humanistes contre Hitler ».

Barth, en fait, évolue de plus en plus. En 1935-1937, il dénonce carrément les abus de pouvoir de Hitler, les camps de concentration, la persécution des juifs. Ses lettres sont diffusées en Europe. En 1937, il fait une étude des rapports de l'Église et de l'État sous le titre « Église et État hier, aujourd'hui et demain ». C'est l'année de l'encyclique de Pie XI *Mit brennender Sorge* (14 mars). Pour la première fois, Barth parle, lui, de « service politique de Dieu ». En 1938, il écrit « Justification divine et justice humaine », sur les rapports entre foi et politique. Le problème le poursuit. Le 19 septembre 1938, il publie sa *Lettre à Hromadka* (pasteur tchèque) où il est dit que l'Évangile commande une résistance *armée* au nazisme de la part des Tchèques. Lors de la déclaration de guerre, en 1939, il interprète : « La paix offerte l'automne dernier aux peuples d'Europe (traité de Munich) signifiait l'accroissement redoublé de puissance d'un esprit qui en vérité est un mauvais esprit, un démon. » Pendant la guerre, Barth adresse des lettres de prise de position contre le nazisme aux Églises d'Europe.

Puis il rentre en Allemagne, en 1945, préoccupé de prêcher « pour l'établissement d'une paix raisonnable qui donne à l'Allemagne la possibilité de recouvrer la santé politique ». En 1946, il publie *Communauté chrétienne et communauté civile*, somme de sa théologie politique. En 1949 : *L'Église entre l'Est et l'Ouest*. En 1950 : *Ne craignez pas*, contre le réarmement de l'Allemagne. Certains ne comprennent plus : tout cela venant de lui, qui avait prêché la résistance armée. En 1953, il écrit à un ministre de la RDA pour demander la libération de détenus chrétiens. En 1954, devant les dirigeants de l'Allemagne occidentale, il affirme : « Le réarmement de l'Allemagne occidentale dans le cadre d'une alliance militaire placée sous l'égide américaine et dirigée contre l'Est, cette mesure est, en tant que telle, une menace de guerre. » En 1959, dans sa *Lettre à un pasteur de la RDA*, il refuse de condamner en principe le communisme. Il publiera aussi dans les années suivantes plus d'une déclaration contre l'arme nucléaire. L'engagement politique de Barth est ainsi devenu très fort et très concret, quelque suprenant qu'il fût pour quelques-uns. Complexité de sa carrière. Ou bien conséquence que d'autres ne voyaient pas.

Le jeune Barth.

Sans pouvoir faire le tour du personnage et de son œuvre immense (surtout la *Dogmatique*), il est important pour nous de revenir aux idées caractéristiques du jeune Barth, celles qui ont provoqué un choc si fort dans la pensée sociale protestante, peut-être dans la pensée chrétienne en général. Nous le ferons au moyen de longues citations, seules capables de faire voir l'originalité, la puissance de la rupture barthienne.

La conférence de Tambach en 1917 portait le titre « Les chrétiens dans la société [1] ». On y lit d'emblée : « C'est un paradoxe plein d'une vraie spiritualité de déclarer que le service de Dieu est ou doit devenir service de l'humanité ; *mais* c'est une tout autre affaire de prétendre que notre zèle au service de l'humanité, fût-il entrepris au nom de l'amour le plus pur, devienne *par là même* service de Dieu [2]. » Donc, le service de Dieu peut mener au service de l'humanité, le service de l'humanité n'est pas pour autant service de Dieu. Barth est clairement en réaction contre la théologie protestante dite « libérale ». Le protestantisme du XIXe siècle s'était en effet efforcé de jeter un pont entre Dieu et le monde. Les théologiens

1. On la trouve dans *Parole de Dieu et parole humaine*, Les Bergers et les Mages, 1966.
2. *Ibid.*, p. 47.

de cette époque sont fortement marqués par la pensée philosophique de Kant, et par Schleiermacher (1768-1834), surtout par une idée de la religion construite sur le sentiment. On en arrivait à une conciliation parfaite entre foi et raison, entre Révélation et civilisation (avec A. von Harnack par exemple et le sociologue E. Troeltsch).

Par ailleurs, le courant idéaliste de Fichte et de Hegel avait formulé en termes philosophiques ce que doit être l'État. Cette théorie est à l'origine de l'unité allemande et du nationalisme forgés par Bismarck et Guillaume II. Or elle a pénétré également les églises protestantes allemandes, qui sont même « favorables aux idées du national-socialisme dès leur apparition au XIXe siècle ». Barth, lui, s'oppose soudain radicalement à tous ces courants. Pour lui, entre Dieu et l'homme il y a un fossé, une « faille glaciaire ». Mais Dieu a parlé. Il n'y a pas de chemin allant de l'homme à Dieu, il y a un chemin de Dieu à l'homme. Théologie dialectique veut ainsi dire : Quand Dieu parle, je prends conscience de mon éloignement par rapport à lui, mais dans cet éloignement Dieu se rend présent. Ce qui assure le passage de Dieu à l'homme, c'est JÉSUS-CHRIST. Toute l'histoire du monde est ramassée en un seul point et se développe à partir de là : Dieu et l'homme sont unis en Jésus-Christ. Et rien de ce qui existe n'échappe à l'extension de cet événement Jésus-Christ au monde entier.

Remarquons encore qu'il y a toute une discussion barthienne de l'analogie – analogie de l'homme à Dieu, selon la tradition théologique ancienne. Voici ce que relève à cet égard le théologien Zahrnt dans *Aux prises avec Dieu* : « S'il existe pour Barth une analogie entre Dieu et l'homme, c'est uniquement parce que *Dieu a révélé* à l'homme son *être divin*. La relation qui existe entre Dieu et l'homme ne peut être reconnue que *dans la foi* : cette relation est une relation de grâce, c'est-à-dire qu'elle est mise en l'homme par Dieu qui se révèle à lui. »

Ce principe a deux conséquences. D'abord, il n'est pas possible de connaître Dieu en dehors de la RÉVÉLATION, c'est-à-dire de la PAROLE que Dieu adresse à l'homme en Jésus-Christ. Barth refuse toute « connaissance naturelle » de Dieu. D'autre part, « tout homme est comme tel semblable à Jésus-Christ. » Cette phrase n'est toutefois pas à comprendre dans le sens d'une « connaissance naturelle » : ce n'est pas en raison de la CRÉATION qu'il y a analogie entre Dieu et l'homme, mais en raison de l'événement de JÉSUS-CHRIST. Pas d'*« analogia entis »*, mais « analogie de grâce » ou « analogie de la foi ». « L'histoire du salut est le *centre* et l'histoire universelle la *circonférence* [...] Celle-ci n'a pas de sens et de valeur propres, mais elle doit seulement servir d'analogie, de reproduction [...], de reflet de l'histoire du salut [1]. »

Voilà qui explique comment Barth peut dire que le service de Dieu entraîne le service de l'humanité, le service de l'humanité n'étant pourtant d'aucune manière par lui-même service de Dieu. Et Barth de continuer : « Il est aujourd'hui moins que jamais possible d'avoir Dieu à bon marché [2]. » La société, de son côté, est dominée « par son logos propre [3] ». Il n'y a pas équilibre « entre les intérêts divins et les intérêts du monde ». « Dieu place son levier pour soulever le monde, et le monde est vraiment soulevé par ce levier que Dieu a mis en place [4]. » Mais vraiment personne d'autre que Dieu n'y peut quelque chose – sans lui le monde reste avec son logos propre.

S'ensuit ce jugement sur le sens de la protestation *sociale* : « La protestation contre un ordre social particulier est à coup sûr un moment intégrant du Royaume de Dieu ; et il y eut des époques obscures, confuses, impies où cette protestation a pu être étouffée ou cachée. Mais c'est une non moindre confusion et impiété de concevoir le Christ uniquement comme le Juge du monde actuel [...] Le Royaume de Dieu ne commence pas avec nos mouvements de protestation ; il est une Révolution *avant* toutes les révolutions, avant tout le donné. La grande négation

1. ZAHRNT, *Aux prises avec Dieu*, p. 138.
2. *Parole de Dieu et parole humaine*, p. 48.
3. *Ibid.*, p. 49.
4. *Ibid.*, p. 63.

précède la petite, de même aussi qu'elle précède les petites réalités positives [1]. »

Il y a, de ce fait, toujours, un *oui* précédant quelque non que ce soit : « Dès que nous nous trouvons en Dieu, nous y trouvons aussi l'obligation de dire "oui" à Dieu dans le monde tel qu'il est [...] De cette affirmation seule peut procéder le véritable refus radical impliqué dans nos mouvements de protestation [2]. » Ce oui, il est vrai, implique une nette relativisation des conclusions sociales du christianisme. La condition de ce oui est une sorte de non (ou bien de peut-être) : « Les vieilles chansons du travail et de la vertu, de la culture et de la liberté chrétiennes, nous ne les reprendrons donc qu'avec une forte sourdine. L'inquiétude que Dieu, dans sa grâce et dans son jugement, a mise en nous, est intervenue dans notre vie comme une promesse d'épanouissement, mais aussi comme une mise en garde [...]. Notre action dans le monde n'est avec l'action divine que dans un rapport d'analogie, et non dans une relation de continuité. Elle est trop efficace en nous la présupposition nécessaire, l'indispensable condition de ce "oui" dit à la vie, à savoir que tout est vanité, complète vanité [3]. »

Il faut prendre garde à être critique, donc, à ne pas tirer du oui fondamental une approbation « réaliste » des conditions du réel. Mais il faut aussi prendre garde au fait que cette critique elle-même est loin de signifier le Royaume de Dieu [4].

Lisons alors ces lignes capitales : « Il n'y a aucune continuité entre les analogies et la réalité divine, aucune relation objective entre ce qui est *signifié* et ce qui *est*, et donc aucune transition objective, définissable en termes d'évolution, de l'un à l'autre. Le Royaume des Cieux est une chose en soi ; sa promesse aussi bien que sa révélation, aussi bien que la plénitude de sa réalité présente ; et cela aussi certainement que l'impossibilité pour cette réalité en soi de demeurer en soi. Ainsi, le but de l'histoire,

1. *Ibid.*, p. 65.
2. *Ibid.*, p. 65.
3. *Ibid.*, p. 76.
4. *Ibid.*, p. 82.

ce telos dont parle Paul (1 Co 23, 28), n'est pas un événement historique à côté des autres, mais la somme de l'histoire de *Dieu* dans l'histoire ; cette histoire de Dieu dont la majesté nous demeure cachée mais que Lui connaît et qu'Il révèle aux yeux qu'Il ouvre [...]. Ce n'est qu'en Dieu qu'est la synthèse et ce n'est qu'en Dieu que nous la trouvons. Si nous ne la trouvons pas en Dieu, nous ne la trouverons pas du tout [...] C'est dans la force de la Résurrection que résident la possibilité, la justification et la nécessité de l'acceptation naïve et du refus critique. La Résurrection de Jésus-Christ d'entre les morts est la force qui meut le monde, qui nous meut nous aussi [1]. »

Puis, remarquons encore cette formule : « Que peut faire un chrétien dans la société, sinon de regarder avec toute son attention ce que Dieu y fait et de Le suivre [2] ? ». On peut imaginer le choc de ces propos, de cette conférence, sur des hommes vivant un christianisme socialement engagé, mais plutôt libéral, plutôt sécularisé. Ils font, il est vrai, problème aussi pour qui, sans être ainsi libéral, pense du moins qu'il y a quelque analogie de l'homme à Dieu – parce que l'homme est à l'image de Dieu.

Éthique, mais plus d'éthique pleine d'assurance.

Un autre texte intéressant pour nous est la conférence « Le problème éthique à l'heure actuelle ». La question éthique d'une certaine manière mène à Dieu, mais par notre anéantissement même, c'est-à-dire que c'est dans la foi seulement qu'on approche Dieu, même par ce chemin : « (Par la question éthique) l'homme prouve son rapport à Dieu, et il prend sur lui les conséquences inquiétantes, insondables, que ce rapport doit avoir pour lui. Si nous pouvions imaginer un homme qui se serait posé cette question avec le sérieux que son absoluité comporte, nous pourrions dire de cet homme qu'il est lié à Dieu et perdu en

1. *Parole de Dieu et parole humaine*, p. 84-85.
2. *Ibid.*, p. 88.

Dieu. Mais comment pourrions-nous nous le représenter autrement que volontairement, délibérément *mourant* [1] ? »

Nous ne pouvons certes pas échapper à cette question éthique, qui nous constitue plutôt [2]. « Le problème éthique nous entraîne [ainsi] irrésistiblement au-delà de la réalité purement humaine [3]. » Le temps des éthiques pleines d'assurance, celles de Ritschl et de ses semblables, est révolu : les éthiques de l'homme craignant Dieu dans son activité professionnelle. Aujourd'hui, les choses sont devenues opaques. On ne peut certes pas ne pas se donner une certaine représentation du Bien dans l'histoire, explique ensuite Barth : mais nous désignons en fait quelque chose d'impossible, nous nous heurtons nécessairement à l'impuissance de l'homme : « On ne peut pas poser sérieusement la question du Souverain Bien sans se représenter, de manière primitive ou très élaborée, fantaisiste ou sobre, une réalisation du Bien dans l'histoire [...]. Mais qu'on réfléchisse à ce que signifie cette conception morale inévitable. Que signifient la liberté, l'amour, l'esprit, la paix, la fraternité [...], tous ces mots suggestifs, mais dont aucune représentation de l'avenir ne paraît capable de les intégrer définitivement, ces mots que, dans l'embarras des questions qui l'assiègent et qu'il pose, l'homme balbutie pour traduire ce qu'il imagine qu'il devrait faire pour que sa réponse fût aussi sérieuse que la question ? [...] Plus l'homme se sent rejeté, toujours plus loin, de sa vision, et plus aussi lui apparaissent dans leur impossibilité, non pas ces mots, mais l'œuvre que ces mots exigent de lui, et sa propre personne pour être l'artisan de cette œuvre. C'est un grand bonheur pour lui – il faut le dire – d'apprendre ainsi, exactement et loyalement, ce qu'est la réalité du millénium, de savoir clairement que ce sont ces mots seuls qui donnent leur sens à toutes ses visions ! C'est un grand bonheur qu'il ne conserve pas d'illusions sur sa capacité de les réaliser – qu'il ne sous-estime

1. « Le problème éthique à l'heure actuelle » dans *Parole de Dieu et parole humaine*, p. 164.

2. *Ibid.*, p. 165.

3. *Ibid.*, p. 171.

pas les distances et ne falsifie pas les grands mots – que pour tenir compte de ses possibilités limitées, il ne mutile et ne rétrécisse pas son idéal – qu'il ne triche pas avec sa conscience morale et ne la vende pas pour un plat de lentilles ! Et c'est encore un bonheur pour lui d'apprendre que c'est lui, l'homme, qui est impuissant et impossible [...] Heureux l'homme, en un mot, quand il succombe, pavillon déployé, sans compromis ni capitulation, sans se renier lui-même et sans renier ce qu'il doit vouloir ! [...] Il suffit que l'idée d'une somme des fins soit considérée comme l'objet de la volonté humaine pour que, tôt ou tard (au plus tard dès le premier pas que l'homme fait, ne fût-ce qu'en pensée, dans cette direction), apparaisse l'inconciliable hétérogénéité de tous les buts avant-derniers – les seuls qu'il puisse vouloir – avec le but dernier [...]. Tout ce que peut fournir la notion d'objet éthique, c'est la connaissance de la chute que la Bible nous représente comme la préface et l'événement déterminant de toute histoire [1]. »

D'autre part, « c'est parce que *Dieu lui-même* et *Dieu seul* est notre possibilité de vie qu'il nous est rendu si impossible de vivre. C'est parce que Dieu nous dit *oui* que nous devons si inévitablement et radicalement subir le *non* [...] C'est parce que la vie immortelle de *Dieu* est notre vraie part que l'obligation de mourir nous rappelle si inexorablement la limitation pécheresse de notre volonté de vivre [...]. Dieu n'attend de nous – si l'on peut parler d'une attente de la part de Dieu – que l'humilité qui lui redonne à nouveau l'honneur qu'Il ne peut laisser à aucun autre ; que la repentance par laquelle l'homme se reconnaît esclave dans la grâce et la disgrâce ; que la *desperatio fiducialis*, ce désespoir confiant, dans lequel l'homme joyeusement se reconnaît perdu [2]. » « Dieu n'attend que cela pour réaliser, dans sa signification positive, c'est-à-dire comme amour, pardon, vie, miséricorde et *grâce*, notre rapport avec lui [3]. » Alors, *tout* participe à la justification.

---

1. « Le problème éthique à l'heure actuelle », p. 184-187.
2. *Ibid.*, p. 189.
3. *Ibid.*, p. 190.

Ce n'est pas qu'il n'y ait des fonctions, des états « sanctifiés », comme le pensait le vieux luthéranisme : « Entendons-nous, reprend cependant ici Barth : il s'agit d'une participation où la distance infinie entre la Justice de Dieu et la justice des hommes n'est pas supprimée, mais où, au contraire, son infinité est toujours mieux reconnue ; il s'agit d'une promesse, non d'un accomplissement ; d'une signification accordée et non d'un fait ; d'une déclaration de justice et non d'une justice réalisée. De même que cette nouvelle création de l'homme est elle-même *justificatio forensis* [extrinsèque], *justificatio impii* [de quelqu'un qui demeure cependant impie], un changement de l'homme qui ne peut pas être changé, un paradoxe sans pareil – de même en est-il dans le rapport positif de Dieu à l'action de l'homme. La volonté de l'homme est et demeure serve ; l'homme reste et restera jusqu'à la fin de ses jours sous l'influence annihilante de la chute ; ses buts, du plus bas au plus élevé, sont et seront toujours hétérogènes au but dernier ; son activité mauvaise ; son accomplissement non seulement imparfait, mais contradictoire. C'est pourquoi aussi la Loi demeure dans une unité indissoluble avec l'Évangile, et la question éthique subsiste, nullement affaiblie, avec son sérieux obligatoire et exigeant. Il n'y a aucune échappatoire hors de la problématique de la vie, aucun oreiller de paresse pour la conscience apaisée, aucune sécurité et même pas de sécurité "religieuse". Elle est bien discutable la doctrine de l'ancien et du nouveau luthéranisme qui admet de soi-disant états, une hiérarchie de fonctions sanctifiées, depuis l'état de père et de mère de famille jusqu'à la fonction bénie du roi, en passant par le ministère pastoral ; fonctions qui, faisant partie d'un prétendu ordre de la création, assureraient aux activités de l'homme qui s'y exercent une justification particulière. Ne s'agit-il pas là tout simplement d'une évasion hors de la question : Que devons-nous faire ? Or comment éluderait-on cette question puisque la justification du pécheur lui est indissolublement liée ? C'est dans la connaissance de la grâce de Dieu que la question commence d'être sérieusement posée. C'est seulement quand nous savons combien Dieu est miséricordieux que nous savons combien Il est saint et combien redoutable dans Sa sainteté. Comment l'homme *religieux*, avec sa “certitude” plus que problématique, serait-il l'objet d'une justification particulière ? N'est-ce pas lui qui a le plus grand besoin de la *justificatio impii* ? Et comment ces relations, ces fonctions que j'ai dites, parce qu'irrationnellement fondées, auraient-elles devant Dieu un avantage sur celles qui ont besoin d'un fondement rationnel ? *Un seul*, le Créateur, a le privilège de se fonder en soi-même, de se passer de toute légitimation ; jamais en aucun cas la créature. Non, il ne peut et il ne doit exister aucun salut, aucune sécurité hors du seul pardon divin, par qui le péché est couvert ; le péché des justes et des injustes, le péché de *toutes* les relations humaines, le péché, ce postulat de *tout* le système des fins humaines. Que le pardon ne se trouve qu'en *Dieu* et que Dieu ne se trouve que dans la *détresse* où l'homme est jeté par le problème éthique, que cette salutaire détresse ne se trouve que là où l'homme *lutte* sérieusement, voilà qui préserve cette doctrine de toute confusion avec un quiétisme facile, voilà qui rend absolument superflue l'hypothèse de “fonctions” particulières, descendues du ciel dans la vie humaine [1]. » Voilà la théologie tendue sur laquelle débouchait le barthisme dans l'entre-deux-guerres. Événement considérable, qui n'empêcha pas, il est vrai, on l'a vu, paradoxalement, un très fort engagement mais de l'ordre de la contestation plus que de la construction !

Niemoeller, Bonhoeffer.

À côté de K. Barth, il faut mentionner, dans le protestantisme allemand, des hommes également très influents comme Martin Niemoeller et Dietrich Bonhoeffer. Martin Niemoeller, né en 1892, entré en 1923 à la Mission intérieure de Westphalie, nommé en 1931 pasteur à Berlin-Dahlem, opta d'abord pour le national-socialisme au moment de l'arrivée au pouvoir d'Hitler,

1. « Le problème éthique à l'heure actuelle », p. 190-191.

mais l'abandonna rapidement, après le vote de la loi frappant de discrimination les juifs convertis (1933). Il devint la cheville ouvrière de la *Bekennende Kirche* qui combattit l'idéologie hitlérienne.

Considéré comme le chef de l'opposition religieuse au Führer, il est relevé de ses fonctions pastorales en 1934, arrêté en 1937, envoyé au camp de concentration de Sachsenhausen puis de Dachau, il est libéré par les Américains le 21 juin 1945. Il a été ensuite membre du Conseil de l'Église évangélique allemande et directeur des affaires extérieures de cette Église. Non sans quelques analogies avec les positions de K. Barth, il s'est opposé au réarmement et aux armes atomiques, il a prôné le rapprochement de l'Est et de l'Ouest. Il a reçu le prix Lénine de la paix en 1967 [1] !

Pour entrer dans sa pensée avec un peu plus de détail, il faut rappeler à nouveau que la montée au pouvoir d'Hitler fut accompagnée, dans les Églises protestantes, du fort courant des « chrétiens allemands », prêchant une Église de la race, de l'héroïsme allemand et de l'expansionnisme germanique, et reconnaissant dans le Führer l'homme providentiel envoyé par Dieu à son « peuple élu, l'Allemagne aryenne ». Ces « chrétiens allemands » arrivèrent à des postes importants, en particulier dans l'Église de Thuringe. Mais quand, en 1933, fut introduit dans l'Église le paragraphe selon lequel les pasteurs non aryens devaient perdre leur ministère, l'opposition se forma. Et c'est M. Niemoeller qui fut l'homme décisif, tandis que la réponse *théologique* prit forme surtout autour de K. Barth. La formule clé est dans la Déclaration théologique de Barmen (fondant, nous l'avons dit, en 1934, la *Bekennende Kirche*, Église confessante) : « Nous répudions la fausse doctrine selon laquelle l'Église devrait et pourrait reconnaître comme source de sa prédication, outre et à côté de la Parole divine, d'autres

1. On a publié des recueils de ses sermons : *Zur gegenwärtigen Lage der evangelischen Christenheit*, 1946 ; *Die politische Verantwortung der Christen*, 1946, *Die Erneuerung unserer Kirche*, 1946 ; *Der Christen Weg zwischen Ost und West*, 1952 ; *Christus unsere Hoffnung*, 1954 ; *Reden*, 4 vol., 1945-1963.

événements et d'autres puissances, d'autres entités et d'autres vérités que la Révélation de Dieu. »

Dietrich Bonhoeffer (1906-1945, exécuté par les nazis aux côtés de l'amiral Canaris et du général Oster) fut, quant à lui, l'un des professeurs les plus actifs du séminaire de l'Église confessante de Finkenwalde en Poméramie. Il fut célèbre toutefois, surtout dans l'après-guerre, lorsque ses manuscrits furent publiés, pour son idée du christianisme « séculier ». C'est donc en traitant de cette période, dans un autre ouvrage, qu'il faudra plus amplement en parler.

Le protestantisme en France.

Si l'on observe aussi un peu le protestantisme *français*, où le mouvement du christianisme social avait été si influent à la fin du XIXe et au début du XXe siècle, on constate qu'il est, durant la période de l'entre-deux-guerres, très secoué. Il l'est du fait de Barth, évidemment. Il l'est aussi du fait que les espoirs placés dans un socialisme démocratique ont été mis à mal par la révolution bolchevique. Charles Gide, le coopérativiste zélé, président du mouvement, estime que, malgré tout..., le régime soviétique comporte des aspects positifs. D'autres, en revanche, sont franchement hostiles, craignant la perte de la liberté.

On observe, dans notre période, un intéressant rapprochement de la Mission populaire évangélique (d'Emmanuel Chastang : 1884-1974) et du christianisme social traditionnel. E. Chastang, de la MPE de Nantes (1907-1927) a publié en 1921 un livre marquant, *Les Principes sociaux de l'Évangile*. Un débat remarquable a lieu d'autre part en 1935 entre un évangélique, Jean Cadier, et un représentant du christianisme social, Élie Gounelle [1]. Selon Jean Baubérot, qui le commente, « la prétention orthodoxe de Cadier aboutit à nier l'enracinement socio-culturel du discours théologique, la perspective chrétienne-sociale de Gounelle amène [elle] un flou dans

1. Dans ITINERIS, p. 81.

l'articulation entre le socio-culturel et le théologique ». « Ceci, dit, il est vrai. Baubérot, loin de disqualifier la pensée de l'une ou de l'autre est peut-être le meilleur indice de l'importance de leur confrontation [1]. »

En dépit des difficultés qu'a causées au christianisme social, nous l'avons vu à l'instant, la révolution bolchevique, le Front populaire, en 1936, remit le socialisme à l'ordre du jour. André Philip est, alors, le premier député français à la fois socialiste et chrétien protestant militant. Mais, par ailleurs, se constitue le Front des chrétiens révolutionnaires, avec pour organe la revue *Terre nouvelle*, dont nous avons déjà parlé, qui durera le temps du Front populaire [2]. Pour comprendre la constitution du Front des chrétiens révolutionnaires, il faut, il est vrai, remonter à des événements antérieurs. En 1920, une division s'était produite chez les socialistes chrétiens : entre Paul Passy, d'une part, impressionné par le danger bolchevique, Henri Tricot, d'autre part, estimant que le bolchevisme n'est que « l'application du socialisme appuyée par la dictature dans des circonstances qui en créent la nécessité ». Les tenants de la tendance Tricot s'étaient séparés en 1927 pour fonder l'Union des communistes spiritualistes. Ils avaient lancé *Terre nouvelle*, le premier *Terre nouvelle*, dira-t-on ensuite.

De son côté, Maurice Laudrain, qui va jouer ici un rôle important, est un jeune catholique formé à la CFTC et à la Jeune République. Il entre à la SFIO en 1927. Secrétaire ensuite de Mgr Chaptal à Paris, il sera congédié par lui en 1932 pour ses prises de position socialistes. Il a écrit, en 1931, *Vers l'ordre social*, puis, en 1933, *Socialiste parce que chrétien*. Il a adhéré à la branche des socialistes chrétiens qui a gardé le titre d'Union des socialistes chrétiens après la scission d'avec les communistes spiritualistes. Mais c'est lui aussi qui en 1934 provoque et effectue un rapprochement avec ces derniers, sous le nom de Front des chrétiens révolutionnaires, qui reprend le titre *Terre nouvelle* – le deuxième *Terre nouvelle* cette fois. Ce Front, une

1. ITINERIS, p. 95.
2. Voir article d'Agnès Turquin-Rochefort dans ITINERIS, p. 97.

fois constitué, s'engage fortement aux côtés du marxisme, comme ne l'avait jamais fait jusque-là le christianisme social.

La publication est bientôt mise à l'Index par le Vatican en 1936 – cela pour le côté catholique. Le Front ne fut, il est vrai, pas non plus à l'aise devant la main tendue offerte par Maurice Thorez, parce qu'il la vit comme l'idée d'un rapprochement stratégique avec les Églises sans vraie confrontation doctrinale entre christianisme et marxisme. En fait, l'échec du Front populaire comme étape vers la révolution, ainsi qu'ils l'avaient compris, éroda très vite ensuite les bases de ce qui rassemblait ces chrétiens révolutionnaires. D'où le caractère éphémère de l'épisode. Au plan des idées, il vaut cependant la peine de relever que les vues de Laudrain surtout sont très marquées par le catholicisme intransigeant, pour reprendre l'expression d'E. Poulat, ou l'intégralisme chrétien ; il s'agissait d'intégrer le marxisme *dans* une conception chrétienne du monde, en séparant les vues personnelles de Marx, philosophiques et athées, du marxisme sociologique-scientifique et historique : problématique qui se retrouvera souvent par la suite, dans l'après-guerre, également après 1968. Agnès Turquin-Rochefort qui a étudié le mouvement a écrit : « Ils vivent plus intensément le fait d'être séparés de la classe ouvrière qui se constitue en force autonome et se construit une identité propre en s'opposant aux autres forces sociales, Églises comprises, que le fait que le monde ouvrier soit coupé de ces Églises, fait qui ne les laisse pas pour autant indifférents [1]. » Le politique en somme a plus de poids dans leur point de vue que le pastoral-apostolique. Ce qui souligne qu'il s'est bien agi d'une tentative de communisme chrétien, ou de christianisme communiste au sens fort. Une attitude qu'on retrouvera chez certains après la Seconde Guerre mondiale.

---

1. Agnès Turquin-Rochefort dans ITINERIS, p. 102.

Le protestantisme américain.

Cherchant à donner une idée de la pensée sociale protestante dans l'entre-deux-guerres, il faut enfin jeter un regard en direction des *États-Unis*. L'influence barthienne est ici plus lointaine. Le mouvement de l'Évangile social *(Social Gospel)* promu dans les générations précédentes par Rauschenbusch, continue en revanche, grâce particulièrement à Reinhold Niebuhr. Celui-ci (1892-1971), père de Helmut Richard, lui aussi théologien protestant, connu aujourd'hui, était luthérien. Il avait passé treize années décisives de sa vie, de 1915 à 1928, à Détroit, en contact avec les ouvriers de Ford et l'injustice sociale. Professeur, ensuite, de « christianisme appliqué », à l'Union Theological Seminary de New York, il participa à la fondation de la United Church of Christ. Simultanément, il écrivit sur les problèmes sociaux et éthiques. Jusqu'en 1960 environ.

Il entendait combler une lacune affectant la théologie protestante : montrer comment la doctrine réformée de la justification par la foi en Jésus-Christ n'éclaire pas seulement le destin individuel mais encore l'histoire universelle. Il avait le souci d'agir sur ses contemporains, y compris à l'échelle mondiale. Il opposait en même temps au matérialisme dialectique une théologie dialectique – à la manière de Barth, tout en contredisant assurément celui-ci tout aussi « dialectiquement ». Son œuvre maîtresse est *The Nature and Destiny of Man*, 2 vol., 1941, 1943 [1]. Il s'agit d'une anthropologie et d'une théologie sociale ouverte, très cohérente, devenue fort influente au sein du protestantisme américain et au-delà.

Puis il faut, de la même veine ou à peu près, mentionner Paul Tillich (1886-1965), dont le nom est associé à une « théologie de

---

1. Sont à noter aussi : *Does Civilisations need Religion ?* 1928 ; *Moral man and immoral society*, 1932 ; *An Interpretation of Christian Ethics*, 1936 ; *Beyond Tragedy*, 1938 ; *Christian Realism and Political Problems*, 1954 ; *The Self and the Dramas of History*, 1955 ; *Man's Nature and his Communities*, 1965.

la culture », assignant à toute activité, sacrée ou profane, de même qu'à toute pensée croyante ou athée, un sens profond inclus dans l'unité divine. On n'a certes pas manqué, dans une optique plutôt barthienne, de voir dans ces théologies un affadissement de l'originalité chrétienne. Le même débat s'est poursuivi ici, on le voit, qu'entre christianisme social français et barthisme. Débat caractéristique du protestantisme, alors qu'il l'est sans doute moins du catholicisme, plus marqué, lui, comme nous l'avons vu dans nos chapitres I et II, par le débat Maritain-Mounier, celui d'*Humanisme intégral* et de *Feu la chrétienté*, plus ecclésiologique en somme. Maritain et Mounier étaient assez d'accord, tout compte fait, sur l'idée de traduction sociale du christianisme, mais divergeaient sur la question de la dépendance que peut, doit avoir un modèle social quelconque par rapport à l'Église même. Ils divergeaient d'ailleurs relativement, car Maritain visait lui aussi une expression *profane*, et il ne voulait aucunement confondre action politique et « action catholique ». Le débat protestant était plus radical : on a craint ici l'affadissement par les traductions sociales du christianisme (sa profanisation), bien qu'un Reinhold Niebuhr, socialement très engagé, ait pu être disciple aussi de Barth !

TABLE DES MATIÈRES

Histoire de la morale

Collection dirigée par Jean-Paul Durand

Eric Fuchs : *La Morale selon Calvin*, 1986.
Michel Istas : *Les Morales selon Max Weber*, 1986.
Théodule Rey-Mermet : *La Morale selon saint Alphonse de Ligori*, 1987.
Bertrand Saint-Sernin : *L'Action politique selon Simone Weil*, 1988.
Pierre Viaud : *Une humanité affranchie de Dieu au* XXe *siècle. Recherche d'un ordre universel.* Préface de René-Jean Dupuy, 1994.
Marianne Mahn-Lot : *Las Casas moraliste. Culture et foi*, 1997.
Pierre Métivier : *L'Éthique dans le projet moral d'Aristote. Une philosophie du bien sur le modèle des arts et techniques*, 2000.
Jean-Yves Calvez : *Chrétiens, penseurs du social. Maritain, Mounier, Fessard, Teilhard de Chardin, de Lubac, 1920-1940*, 2002.

Achevé d'imprimer : septembre 2002
Dépôt légal : septembre 2002
N° d'édition : 11808
N° d'Imprimeur : 59670